DIE

BERECHNUNG DER TANTIEME

FÜR VORSTAND UND AUFSICHTSRAT VON AKTIENGESELLSCHAFTEN

EIN BEITRAG ZUR ERLÄUTERUNG DER §§ 237
UND 245 ABS. 1 DES HANDELSGESETZBUCHES

VON

DR. IUR. CARL SCHELLER

LEIPZIG
VERLAG VON VEIT & COMP.
1908

Leipziger juristische Inauguraldissertation

Druck von Metzger & Wittig in Leipzig.

HERRN

PROF. DR. IUR. LUDWIG BEER

IN DANKBARKEIT

DER VERFASSER

Inhalt.

Erstes Kapitel.

Einleitung. Wirtschaftlicher Begriff der Tantieme; Rückblick auf das ältere Recht.

Die Vergütung, die kaufmännische Angestellte, insbesondere Verwaltungs- und Aufsichtspersonen für ihre dem Unternehmen geleisteten Dienste in Form eines Anteils am Gewinn erhalten, heißt in der Sprache des praktischen Lebens „Tantieme“. Man könnte geneigt sein, wegen dieser französischen Bezeichnung anzunehmen, daß diese Lohnform von Frankreich her nach Deutschland übernommen worden ist, und in der Tat findet man in der Literatur diese Ansicht vertreten.[1] Sie ist jedoch nur zum Teil richtig: denn bereits im Mittelalter ist in Deutschland kaufmännischen Angestellten — Prokuristen, Bevollmächtigten, Vorstehern von Filialen — häufig eine Vergütung in Form der Beteiligung am Geschäftsgewinn gewährt worden.[2] Wenn diese Art der Dienstvergütung trotz ihres deutschen Charakters den fremdländischen Namen erhalten hat, so läßt sich dies nur daraus erklären, daß wohl im Anfang des vorigen Jahrhunderts zunächst das Ausland, vor allem Frankreich es gewesen ist, das von dieser Lohnform in der kaufmännischen Praxis einen weitgehenden und für gewisse Angestellte einen ausschließlichen Gebrauch gemacht

[1] So glaubt STEINKOPF, Über die Tantieme S. 1, daß der Ursprung der Tantieme in England liege und über Frankreich her bei uns eingeführt sei. Auch CROME, Die partiarischen Rechtsgeschäfte S. 167, schließt aus den fremdsprachlichen Ausdrücken Tantième und commis intéressé, daß „sich der usus selbst vom Ausland eingebürgert“ hat.

[2] Vgl. ADLER, Der „Handlungsgehilfe“ in CONRADS Handwörterbuch der Staatswissenschaften 4. Bd. S. 987, und ferner SILBERSCHMIDT, Cumpanie und Sendeve im Arch. f. bürgerl. Recht Bd. 23 S. 33 u. 34 und die dort angegebene Literatur.

hat. Diesem Beispiel, die kaufmännischen Angestellten häufiger als früher mittels der Tantieme zu entlohnen, ist Deutschland gefolgt, und so kommt es, daß die fremden Namen „Tantième“[1] für die Gewinnbeteiligung und „commis intéressé“ für den am Gewinn beteiligten Handlungsgehilfen in Deutschland Bürgerrecht erlangt haben.

So willig nun die deutsche Praxis die Tantieme als Lohnform akzeptiert hat — so daß heute manche Gruppen von im Dienste kaufmännischer Unternehmungen stehenden Personen ausschließlich (Aufsichtsrat von Aktiengesellschaften) oder doch meist (Vorstand von Aktiengesellschaften) als Vergütung einen Gewinnanteil erhalten — so wenig hat ihr der deutsche[2] Gesetzgeber seine Beachtung geschenkt: bis zum neuen deutschen Handelsgesetzbuch vom 10. Mai 1897 hat sich kein Gesetzbuch mit ihr beschäftigt. Dies muß befremden. Denn bei einer genaueren Betrachtung des eigentümlichen Wesens dieser Dienstvergütung wird klar, daß da, wo sie als Form der Entlohnung gewählt wird, Meinungsverschiedenheiten zwischen Unternehmer und Lohnberechtigten über die Höhe des Lohnes außerordentlich nahe liegen, so daß sich ein wirkliches Bedürfnis nach einer gesetzlichen Regelung der Materie ergeben muß.

Die Tantieme besteht in einem von den Parteien festgestellten Bruchteil des in einem bestimmten Zeitraum erzielten „Gewinns“ des Unternehmens. Mit dieser Begriffsbestimmung ist gegeben, daß der Gewinn des Gesamtunternehmens in Frage kommt, nicht der eines Teils des Unternehmens oder der infolge einer einzelnen Tätigkeit und einzelner Geschäfte des Lohnberechtigten erzielte Gewinn; ferner ist im voraus fest zu bestimmen die Erwerbsperiode, nach deren Ablauf der Gewinn zu berechnen ist, und schließlich bietet die stets unzweideutig vereinbarte Höhe des Bruchteils des Gewinns bei der Tantiemenberechnung keinen Anlaß zu Schwierigkeiten. So klar alle diese Voraussetzungen der Tantieme sind, so schwierig ist die Aufgabe, dem Gewinn,

---

[1] Das Wort wird unterschiedslos sowohl für die Lohnform wie auch für den Gewinnanteil, der als Vergütung gewährt wird, gebraucht.

[2] Im Gegensatz zum ausländischen; vgl. Crome, Die partiarischen Rechtsgeschäfte S. 169.

der die Grundlage der Berechnung bilden soll, im Vertrag eine Erklärung zu geben, die den Ausschluß von Streitigkeiten von vornherein Gewähr leistet. Zwar werden die Parteien sich nicht auf die Vereinbarung beschränken, daß der Lohnberechtigte am „Gewinne“ des Unternehmens beteiligt sein soll, sondern sie werden stets den Gewinn näher bezeichnen und eine Beteiligung am Betriebsgewinn, Roh- oder Bruttogewinn, Rein- oder Nettogewinn vereinbaren; aber damit ist für eine jeden Zweifel und Streit ausschließende Berechnung nicht viel gewonnen. Denn die Gewinnarten sind ihrem Begriffe nach weder in der Wissenschaft noch in der Praxis fest umgrenzte, so daß mit keiner der Bezeichnungen eine in ihrer Art überall gleichmäßig anerkannte, bestimmte Summe unzweideutig getroffen wird. Mit Betriebsgewinn wird nicht durchgehend derselbe Gewinn bezeichnet: meist wird Betriebsgewinn eines auf Warenfabrikation gerichteten Unternehmens die Summe genannt, die sich ergibt nach Abzug der Ausgaben für die Rohstoffe und für die unmittelbaren Betriebsunkosten von dem Gesamterlös aus den veräußerten Waren; der Begriff des Betriebsgewinns ist also abhängig von dem der Betriebsunkosten, die bei der Berechnung den Subtrahendus bilden; je größer man den Kreis dieser Betriebsunkosten zieht, desto kleiner wird der Betriebsgewinn, und so ist nötig, für den Fall, daß ein Anteil am Betriebsgewinn als Vergütung zugesagt ist, diesem Kreis einen bestimmten Radius zu geben. Auch der Betriebs*rein*gewinn wird von manchen schlechthin als Betriebsgewinn bezeichnet.[1]

Noch wandelbarer ist der Begriff des Roh- oder Bruttogewinns.[2] Schon der Gewinn, der sich ergibt, wenn von der aus dem Verkauf der hergestellten Waren gelösten Summe lediglich die Ausgaben für die Rohstoffe abgezogen worden sind, also eine Art Betriebsgewinn, wird Roh- oder Bruttogewinn genannt; ebenso der, der verbleibt nach weiterem Abzug der unmittelbaren Herstellungskosten (Löhne usw.); ferner der Gewinn, der nach Abzug der vorgenannten Summen und der allgemeinen Handlungs-

---

[1] Vgl. Rehm, Bilanzen, § 159 I. A 3 b.

[2] Vgl. die Zusammenstellung bei Rehm a. a. O. § 159 II. A bis C; ferner Bauers Zeitschrift Jahrg. XII S. 270ff.

unkosten bleibt. Soviel Gruppen von gleichartigen, den Bruttoertrag (nicht zu verwechseln mit dem Bruttogewinn) des Unternehmens verringernden Abzügen man bildet, soviel Arten von Roh- oder Bruttogewinn sind zu unterscheiden. Je mehr vom Bruttoertrag abgezogen wird, desto reiner wird der Gewinn. Aber selbst der endlich bleibende „Reingewinn“ ist in seiner Begriffsbestimmung schwankend. So stößt man auf die Bezeichnungen Bruttoreingewinn und Nettoreingewinn: ersterer liegt schon vor, nachdem sämtliche Handlungsunkosten im weitesten Sinne und die wirtschaftlich notwendigen Abschreibungen vom Bruttoertrag abgezogen sind, letzterer erst, wenn noch die weitergehenden Abschreibungen vorgenommen und Beträge mit Hinblick auf die Zukunft des Unternehmens zurückgelegt worden sind. Dieser Nettoreingewinn kann vom Unternehmer sorglos verbraucht, von einer Aktiengesellschaft unbedenklich unter die Aktionäre verteilt werden. Zwischen dem ersten Bruttoreingewinn und dem Nettoreingewinn liegen mehrere Abstufungen des Bruttoreingewinns: je mehr Abzüge gemacht werden, desto reiner wird — wie der Roh- oder Bruttogewinn — auch der Bruttoreingewinn, um schließlich zur Höhe des Nettoreingewinns zu gelangen.

Mit den vorstehenden Ausführungen habe ich in großen Zügen darzulegen versucht, wie schwierig es oft sein dürfte, den im Anstellungsvertrage von den Parteien als die Grundlage der Tantieme ins Auge gefaßten „Gewinn“ bei der Abrechnung unstreitig festzustellen. Auch durch Stipulieren genauerer Vertragsbestimmungen über die vorzunehmenden Kürzungen des Roh- und des Reingewinns kann nicht jeder Zweifel bei der Berechnung ausgeschlossen werden. Denn es können bei Berechnung des Gewinns Ereignisse und Konjunkturen in Betracht zu ziehen sein, die bei dem Vertragsabschluß nicht vorherzusehen waren und nun den Unternehmer z. B. zu größeren Abschreibungen oder umfangreicheren Rücklagen nötigen, als wie sie im Vertrage festgesetzt waren.

Bei dem Mangel an jeglicher Bestimmung, den die deutschen Gesetzbücher bis auf das neue HGB. bezüglich der Tantiemenberechnung gezeigt haben, konnte es nicht ausbleiben, daß bei Zwistigkeiten zwischen Unternehmer und Tantiemeberechtigten über die Größe des der Berechnung zu Grunde zu legenden Gewinns oft der Richter sein entscheidendes Wort hat sprechen müssen. Was die in einem Anteil am Reingewinn bestehende Tantieme anlangt, so hat allerdings der Gesetzgeber schon früher dadurch auf die Berechnung teilweise bestimmend eingewirkt, daß er Vorschriften über die Errichtung der Jahresbilanz und damit über die Feststellung des Reingewinns gab. So enthielt bereits das allgemeine deutsche Handelsgesetzbuch, das von 1862 ab in den einzelnen deutschen Bundesstaaten (in Sachsen nach Ges. vom 30. Oktober 1861 am 1. März 1862) in Kraft trat, in Art. 31 die Bestimmung, daß sämtliche Vermögensstücke nach dem Werte in der Bilanz anzusetzen seien, welcher ihnen zur Zeit der Bilanzaufnahme beizulegen sei, und daß zweifelhafte Forderungen nach ihrem wahrscheinlichen Werte einzusetzen, uneinbringliche Forderungen aber abzuschreiben seien, eine Bestimmung, die über die Novelle vom 11. Juni 1870 — die den Art. 31 unverändert ließ — in das neue HGB. als § 40 in textlich und sachlich etwas veränderter Fassung übergegangen ist. Außerdem aber fügte schon die Novelle vom 11. Juni 1870 dem allgemeinen deutschen Handelsgesetzbuch spezielle Bestimmungen über die Aufmachung der Bilanz von Aktiengesellschaften in Art. 239a hinzu, die Aktiennovelle vom 18. Juli 1884 erweiterte diese Anordnungen in Art. 239b mit Art. 185a und das neue HGB. nahm sie mit einigen weiteren Abweichungen in § 261 auf. Die Verteilung des Reingewinns beeinflußte der die Bildung eines Reservefonds fordernde Art. 185b mit Art. 239b der Aktiennovelle vom 18. Juli 1884 und § 262 des neuen HGB.

Diese gesetzlichen Anordnungen vermochten jedoch die oben angedeuteten bei der Auslegung der Anstellungsverträge und bei der Gewinnfeststellung erwachsenden Schwierigkeiten nicht zu beseitigen, der Vertragswille selbst wurde durch keine der Gesetzesbestimmungen irgendwie beeinflußt, der Gesetzgeber hatte es unterlassen, Auslegungsregeln bezüglich der Tantiemeverträge zu geben. Infolgedessen traf die Gerichte und die Kommentatoren die Pflicht, diese Lücke auszufüllen; in der Natur der Sache aber war es begründet, daß von einer Übereinstimmung in der Auslegung der Verträge, von einer communis opinio über den Begriff des Reingewinns, der meist die Grundlage der Tantieme bildete, nicht die Rede sein konnte. So entschied das Reichsgericht einmal[1], daß im Zweifel, also mangels anderweiter Parteienabrede, als Reingewinn das zu gelten habe, was von der Jahreseinnahme nicht durch die Jahresbetriebskosten absorbiert sei; die Dotierungen des Reservefonds und die zu Abschreibungen verwendeten Beträge seien bei der Tantiemenberechnung nur dann von diesem Reingewinn in Abzug zu bringen, wenn aus den Anstellungsverträgen klar hervorgehe, daß dies gewollt sei. Von diesem Standpunkt wich das Reichsgericht 4 Jahre später[2] insofern ab, als es auch die notwendigen Abschreibungen im Zweifel für abzugspflichtig erachtete. Daß noch weniger unter den Kommentatoren Übereinstimmung der Meinungen herrschte, läßt sich denken. So wurde von der einen Seite verlangt, daß auch die Dotierung zum Reservefonds im Zweifel vom Reingewinn abzuziehen sei, weil jener zur Konsolidierung des Unternehmens beitrüge; von der anderen Seite wurde dies für unnötig erklärt.[3]

Mit dem Inkrafttreten des neuen HGB. sollte diesem unsicheren Rechtszustand wenigstens hinsichtlich einer Tantiemenkategorie ein Ende bereitet werden. Über die Tantiemenansprüche der Handlungsgehilfen wurden keine Bestimmungen in das neue HGB. aufgenommen, da nach der Ansicht der gesetzgebenden Faktoren die Rechtsprechung schon ohne solche zu befriedigenden Ergebnissen gelangt sei;[4] wohl aber regelte das neue HGB. die Berechnung der dem Vorstand und dem Aufsichtsrat von Aktiengesellschaften zugesicherten Tantieme, indem es in § 237 und in § 245 Abs. 1 folgendes bestimmt hat:

§ 237.

Wird den Mitgliedern des Vorstandes ein Anteil am Jahresgewinne gewährt, so ist der Anteil von dem nach Vornahme

[1] Urteil v. 5. April 1884 in Entsch. d. RG. Bd. 11 S. 160 ff.

[2] Urteil v. 28. März 1888 in Entsch. d. RG. Bd. 22 S. 158 ff.

[3] Für den Abzug v. Völderndorff, Kommentar S. 704 Anm. 81; gegen den Abzug Ring, Kommentar S. 528 Nr. 7; Neukamp, Der Reservefonds in Goldschmidts Zeitschrift f. d. ges. Handelsrecht Bd. 38 S. 16; Tscharmann, Der Aufsichtsrat S. 30.

[4] Vgl. Hahn, Materialien zum HGB. S. 238.

sämtlicher Abschreibungen und Rücklagen verbleibenden Reingewinne zu berechnen.

§ 245 Abs. 1.

Erhalten die Mitglieder des Aufsichtsrats für ihre Tätigkeit eine Vergütung, die in einem Anteil am Jahresgewinne besteht, so ist der Anteil von dem Reingewinne zu berechnen, welcher nach Vornahme sämtlicher Abschreibungen und Rücklagen sowie nach Abzug eines für die Aktionäre bestimmten Betrags von mindestens vier vom Hundert des eingezahlten Grundkapitals verbleibt.

Der im Jahre 1895 vollendete Entwurf des HGB. enthielt noch nichts von diesen Bestimmungen; erst die vom Reichstage gebildete Kommission nahm sie im Verlauf ihrer Beratungen in den Entwurf auf, und zwar § 237 als § 232a schon in der Fassung, die dann Gesetzeskraft erlangt hat, und § 245 Abs. 1 als § 240 Abs. 3 in textlich wie sachlich von der jetzigen etwas abweichenden Fassung.

Der Kommissionsbericht über den Entwurf des HGB. sagt über die Entstehung des § 232a folgendes:

„Auf Antrag fügte die Kommission folgenden neuen Paragraphen ein: (folgt Text von § 232a.)

„Der Antrag war damit begründet worden, ohne erheblichen Widerstand zu finden, daß in den Fällen, in denen den Vorstandsmitgliedern auf Grund vertragsmäßiger Zusicherungen oder durch Beschluß der Generalversammlung oder des durch Statut ermächtigten Aufsichtsrats ein Anteil am Jahresgewinn gewährt werde, dieser Anteil aus dem tatsächlichen Gewinn zu berechnen sei."

„Abschreibungen vorzunehmen gehöre zu der ordnungsgemäßen, vorsichtigen Verwaltung; ehe die Abschreibungen gemacht sind, könne von einem Reingewinn nicht die Rede sein. Dabei kommen nicht nur Abschreibungen in Betracht, sondern auch Rücklagen, die gemacht werden bei sehr hohem Jahresgewinn, um darauf in künftigen mageren Jahren zu greifen."

„Soweit hierdurch Vorstandsmitglieder in einem Jahre geschädigt werden, finden sie den Ausgleich durch die spätere Einstellung solcher Rücklagefonds in die Aktiva, allerdings nur, sofern sie in diesem späteren Jahre noch im Amt sind."

Die Begründung der Anträge zu § 240 (§ 245) lautete ähnlich. — Sowohl aus dem Lager der Praxis heraus als auch aus dem der Wissenschaft sind die beiden Gesetzesstellen heftig angegriffen worden; es ist ihnen vorgeworfen worden, daß sie wegen ihrer Fassung und ihres sachlichen Inhalts durchaus nicht das zu erreichen in der Lage seien, was sie sich als Ziel gesteckt hätten: nämlich einen sicheren Rechtszustand herbeizuführen und die oft übermäßig hohen Tantiemenbezüge insbesondere der Aufsichtsratsmitglieder zu beschränken. Ich habe es mir nicht zur Hauptaufgabe gestellt, diese Vorwürfe auf ihre Berechtigung hin zu prüfen und etwa de lege ferenda zu schreiben[1], sondern ich will im folgenden versuchen, die beiden Paragraphen eingehend auszulegen.

Zweites Kapitel.

Voraussetzung für die Anwendbarkeit der in den §§ 237 und 245 Abs. 1 enthaltenen Berechnungsvorschrift.

§ 1.

Verhältnis des Vordersatzes zum Nachsatz in jedem der Paragraphen.

Sowohl die Bestimmung des § 237 als auch die des § 245 Abs. 1 zerfällt ihrer Struktur nach in zwei Teile, in den Vordersatz: „Wird den Mitgliedern des Vorstandes ein Anteil am Jahresgewinne gewährt" (§ 237) — „erhalten die Mitglieder des Aufsichtsrats für ihre Tätigkeit eine Vergütung, die in einem Anteil am Jahresgewinne besteht" (§ 245), und in den Nachsatz: „so ist der Anteil von dem nach Vornahme sämtlicher Abschreibungen und Rücklagen verbleibenden Reingewinne zu berechnen" (§ 237) — „so ist der Anteil von dem Reingewinne zu

[1] Vgl. aber das Schlußwort im fünften Kapitel.

berechnen, welcher nach Vornahme sämtlicher Abschreibungen und Rücklagen sowie nach Abzug eines für die Aktionäre bestimmten Betrags von mindestens vier vom Hundert des eingezahlten Grundkapitals verbleibt" (§ 245). Aus der Fassung jedes der Paragraphen geht hervor, daß der Gesetzgeber in dem Vordersatz die Bedingung für die Anwendbarkeit der in dem Nachsatz enthaltenen Berechnungsvorschrift gegeben hat; er sagt nichts anderes als: Wenn oder für den Fall, daß ein Anteil am Jahresgewinn gewährt wird, so ist dieser Anteil — zu berechnen. Voraussetzung für die Anwendung der Berechnungsvorschriften ist also, daß Vorstand und Aufsichtsrat als Vergütung einen Anteil am Jahresgewinn erhalten. Ehe auf die in den Nachsätzen der §§ 237 und 245 Abs. 1 niedergelegte Berechnungsvorschrift selbst eingegangen werden kann, gilt es zunächst den Sinn der Vordersätze, d. h. die Bedeutung der Worte „Anteil am Jahresgewinn" festzustellen.

§ 2.

Bedeutung der Worte „Anteil am Jahresgewinn".

Daß der Gesetzgeber in den §§ 237 und 245 Abs. 1 von der Tantieme und ihrer Berechnungsweise handelt, dürfte unbestritten sein; er vermeidet es, das in der Praxis üblich gewordene Fremdwort zu gebrauchen und übersetzt dies in die Worte „Anteil am Jahresgewinn". Damit trifft er zugleich die beiden wichtigen Begriffsbestimmungen der Tantieme, nämlich daß sie eine Beteiligung am „Gewinn" ist und daß der Anteil berechnet wird nach Ablauf der Rechnungsperiode, d. i. nach Schluß des Geschäftsjahres. Schon in der Einleitung habe ich darauf hingewiesen, daß unter „Gewinn" verschiedenartige Ertragssummen verstanden werden können, und so wirft sich auch hier die Frage auf: Was ist dem Gesetzgeber „Jahresgewinn" in der Verbindung Anteil am Jahresgewinn! Hat er damit jede mögliche Gewinnbeteiligung, die Beteiligung an jeder Art von Gewinn treffen wollen, oder hat er nur eine bestimmte Gewinnbeteiligung, die Beteiligung an einer bestimmten Gewinnart im Auge gehabt. Die Entscheidung dieser Frage ist von der größten Wichtigkeit;

von ihr hängt wegen der bedingenden Ausdrucksweise der Vordersätze der §§ 237 und 245 Abs. 1 ab, ob die im Nachsatz vorgeschriebene Berechnungsweise bei jeder oder nur bei einer bestimmten Gewinnbeteiligung Anwendung zu finden hat.

Die in großer Menge über die §§ 237 und 245 vorliegende Literatur hat in auffallender Weise eine ganz verschiedene, teilweise recht eigenartige Stellung zu der uns beschäftigenden Frage genommen. Bei einer Sichtung der vertretenen Ansichten könnten diese in vier Gruppen eingeordnet werden.

Eine Gruppe von Schriftstellern, wie Riesenfeld, Riesser, Preische,[1] unterläßt es, ihr Augenmerk auf den Vordersatz der Paragraphen zu richten, übersieht also die bedingende Natur dieses Satzteiles und die Bedeutung des Wortes Jahresgewinn. Alle drei setzen schlechthin voraus, daß die §§ 237 und 245 Abs. 1 die Berechnung der Tantieme regeln und daß es zum Begriff der Tantieme gehört, daß sie als Anteil am Reingewinn gewährt wird. Nach dieser Anschauung kann die Berechnungsvorschrift des Nachsatzes nur dort zur Geltung kommen, wo Vorstand und Aufsichtsrat einen Anteil am Reingewinn erhalten. Jede andere Gewinnbeteiligung ist keine Tantieme und wird durch die §§ 237 und 245 Abs. 1 nicht getroffen.

Eine zweite Gruppe von Schriftstellern legt im Gegensatz zu der ersten dem Wort „Jahresgewinn" eine ganz bestimmte Bedeutung bei, die der Gesetzgeber selbst beabsichtigt habe und die sich aus anderen Paragraphen des HGB. herleiten lasse. Diese Ansicht führt zu der gleichen Konsequenz wie die der ersten Gruppe: Weil die Worte „Anteil am Jahresgewinn" in dem bedingenden Vordersatz der §§ 237, 245 Abs. 1 stehen, so braucht die Tantieme nur dann nach der gesetzlichen Vorschrift berechnet zu werden, wenn sie als Anteil an dem Gewinn zugesichert ist, den der Gesetzgeber — angeblich — mit Jahresgewinn bezeichnet hat.

a) Dr. Hermann Müller geht in seiner Schrift „Die Gewinnanteile der Mitglieder des Vorstands und des Aufsichtsrats von

---

[1] Preische, Gewinnvortrag und Tantiemenberechnung S. 10—12; Riesser, Neuerungen S. 20; Riesenfeld, Einfluß S. 90 u. 91.

Aktiengesellschaften" in § 3 (S. 10ff.) davon aus, daß das HGB. gegenüber dem Sprachgebrauche der Geschäftswelt nur einen Gewinn kenne, nämlich den gemäß § 261 Nr. 6 am Schlusse der Bilanz besonders anzugebenden Überschuß sämtlicher Aktiva über sämtliche Passiva; aus dem Kommissionsberichte und den Debatten im Reichstage sei nichts ersichtlich, was zu der Annahme berechtigen könnte, daß die Gesetzgebung in den beiden Paragraphen mit dem Worte „Jahresgewinn" etwas anderes oder umfassenderes als den „Reingewinn", etwa auch andere in der Geschäftssprache übliche Gewinne habe bezeichnen wollen. Der Antragssteller habe ganz absichtslos oder nur des besseren Klanges wegen die gleichbedeutenden Worte abwechselnd gebraucht, sollte ihn aber dabei doch eine weitergehende Absicht geleitet haben, so sei aus der Veranlassung und dem Zwecke des Gesetzes nur zu folgern, daß er beide Worte nebeneinander stellte, um ihre Identität außer Zweifel zu setzen und damit folgenden Gedankengang schärfer hervortreten zu lassen: Wenn in Statuten oder Verträgen eine Tantieme vom Jahresgewinn, ohne nähere Bestimmung des Begriffes dieses Wortes gewährt ist, so soll darunter, dem gesetzlichen Sprachgebrauche entsprechend, eine Tantieme vom Reingewinn verstanden werden (S. 12 a. a. O.).

Nach Müller hat also der Gesetzgeber mit den §§ 237 und 245 Abs. 1 nur die Fälle treffen wollen, in denen im Statut oder Vertrag ein Anteil am Jahresgewinn (= Reingewinn), nicht auch die Fälle, in denen ein Anteil an einem anderen Gewinn (z. B. Brutto-, Betriebsgewinn u. a.) als Tantieme gewährt wird (§ 6 S. 20 a. a. O.).

b) Auch Moriz Baumer glaubt in seinem Schriftchen „Über Reingewinn, Gewinn-Vortrag und Tantième-Berechnung bei Aktiengesellschaften" den Nachweis führen zu können, daß dem Worte Jahresgewinn in den §§ 237, 245 Abs. 1 eine ganz bestimmte juristische Bedeutung beizulegen sei (S. 3 a. a. O). In beiden Paragraphen, so führt er aus, sei „die Anordnung enthalten, daß für die Berechnung einer Tantieme (Anteil am Jahresgewinn) der nach Vornahme sämtlicher Abschreibungen und Rücklagen verbleibende Reingewinn zu Grunde zu legen ist". Das Gesetz gebrauche in den §§ 237 und 245 zweifellos in bestimmter

Absicht den Ausdruck „Jahresgewinn" und es unterscheide in seinen Vorschriften §§ 215, 261 Z. 6 und §§ 237, 245 zwischen einem „Bilanzgewinn" (nach BAUMER besser „Bilanzüberschuß") und einem „Jahresgewinn" oder „jährlichen Reingewinn". Nach BAUMER ist also in den §§ 237 und 245 Abs. 1 „Jahresgewinn" gleichbedeutend mit „jährlicher Reingewinn" und dieser jährliche Reingewinn ist nach seiner Meinung der Gewinn, den die Aktiengesellschaft in dem betreffenden Geschäftsjahr, also ohne Rücksicht auf einen Gewinn- oder Verlustvortrag aus dem Vorjahr erzielt hat. Infolge der bedingenden Redeweise des Gesetzgebers wäre hiernach der Sinn der §§ 237 und 245 Abs. 1 der: Wenn als Tantieme ein Anteil an dem Gewinn eines Geschäftsjahres — für sich genommen — gewährt ist, so ist dieser Anteil in der im Nachsatz angegebenen Weise zu berechnen, in anderen Fällen kommt die Berechnungsvorschrift nicht in Frage. BAUMER übersieht diese bedenkliche Konsequenz und kommt zu seinem Ergebnis nur dadurch, daß er die Begriffe des Vordersatzes mit denen des Nachsatzes willkürlich vermengt (vgl. S. 12 a. a. O.).

c) In der Dissertation SCHOENBECKS[1] wird (S. 6 u. 7) die Behauptung aufgestellt, daß das Gesetz das auch in den §§ 237 und 245 Abs. 1 vorkommende Wort „Jahresgewinn" in § 120 authentisch habe interpretieren wollen; unter Jahresgewinn verstehe es stets den bilanzmäßigen Gewinn, d. i. den Gewinn, welcher sich aus der Vergleichung sämtlicher Aktiva und Passiva zur Zeit des Abschlusses ergebe. Dieser Jahresgewinn sei der um die „ordentlichen" Abschreibungen gekürzte Rohgewinn. SCHOENBECK glaubt (S. 11 a. a. O.), daß man deshalb das Gesetz (§ 237), ohne der Ausdrucksweise desselben den geringsten Zwang anzutun, einfach dahin zu verstehen habe: nicht vom „Jahresgewinn" (dem um die ordentlichen Abschreibungen gekürzten Rohgewinn) ist dem am Gewinn beteiligten Vorstande eine Tantieme zu gewähren, sondern vom „Reingewinn", der sich dadurch ergibt, daß man den Rohgewinn um sämtliche Abschreibungen und Rücklagen kürzt; der Reingewinn sei daher nur eine Quote des

[1] Zur Erläuterung des § 245 des Handelsgesetzbuchs. Ein Beitrag zur Lehre von der Tantieme des Aufsichtsrats von Aktiengesellschaften.

Jahresgewinns (S. 12 a. a. O.). Auf S. 48 stellt SCHOENBECK aber fest, daß § 245 Abs. 1 nur den einen Fall regeln wolle, daß die Gewinnanteile des Aufsichtsrats „auf Grund des Jahres-(Rein-) Gewinns errechnet werden", die bedingende Ausdrucksweise der Gesetzesstelle lasse nach allgemein geteilter Ansicht keine andere Interpretation zu. Da ist also „Jahresgewinn" wieder „Jahresreingewinn", den er doch auf S. 12 als Quote des Jahresgewinns hingestellt hatte. Indem er dann an anderer Stelle (S. 17) gegen MÜLLER polemisiert, behauptet er, daß das Gesetz in § 245 Abs. 1 folgenden Willen habe zum Ausdruck bringen wollen: In allen Fällen, in denen bisher der Jahresgewinn — ganz gleich in welcher Bedeutung — der Tantiemenberechnung zu Grunde gelegt wurde, soll nunmehr nach dem neuen Gesetze der Reingewinn die Basis für die Tantiemenberechnung bilden. In der Polemik gegen MÜLLER hat also das Wort Jahresgewinn in dem Zusammenhang „Anteil am Jahresgewinn" für SCHOENBECK „ganz gleich welche Bedeutung", während er vorher (S. 6 a. a. O.) behauptet hatte, daß das Wort Jahresgewinn im Gesetzbuch seine Auslegung gefunden habe und im § 120 authentisch interpretiert worden sei, und daß (S. 48 a. a. O.) § 245 Abs. 1 nur einen Fall mit seiner bedingenden Ausdrucksweise habe regeln wollen. Die in seinen Ausführungen enthaltenen Widersprüche hat SCHOENBECK offenbar nicht übersehen, denn er tröstet sich (S. 17 a. a. O.) mit einem Zitat aus MAKOWERS Kommentar zum HGB. (12. Aufl. S. 507 zu § 237 Ia): § 245 Abs. 1 schreibe nur — je nachdem man ihn auslege — entweder eine bestimmte Beschränkung für die Tantiemenzusage oder eine bestimmte Auslegung dieser Zusage (nicht des Wortes „Jahresgewinn") vor. MAKOWER hätte jedoch von SCHOENBECK nicht zum Helfer aufgerufen werden dürfen: denn MAKOWER legt eben im Gegensatz zu SCHOENBECK dem Worte Jahresgewinn keine bestimmte Bedeutung bei, sondern will an jeder Stelle, wo es vorkommt, untersucht wissen, was es jeweilig zu besagen habe (MAKOWER zu § 261 XIIb).

d) Auch die Kommentatoren ROBERT und Dr. FERDINAND ESSER haben sich jetzt denjenigen zugesellt, die die Worte „Anteil am Jahresgewinn" in §§ 237 und 245 Abs. 1 in einer bestimmten Bedeutung auffassen. Die beiden ersten im Jahre 1899 erschienenen Auflagen des Esserschen Kommentars „Die Aktiengesellschaft“ enthielten zu den genannten Paragraphen über das Wort Jahresgewinn keine Bemerkung. Inzwischen erschien im 11. Jahrgang der Monatsschrift für Handelsrecht und Bankwesen von Holdheim, 1902 S. 195, ein Aufsatz von Dr. Ferdinand Esser, der sich mit der Frage beschäftigte, ob den Mitgliedern des Vorstands einer Aktiengesellschaft als Tantieme nur ein Anteil am bilanzmäßigen Jahresreingewinn gewährt werden könne, oder ob ihnen auch eine von anderen Beträgen zu berechnende anteilmäßige Vergütung zugestanden werden dürfe. Dr. Ferdinand Esser gibt die Antwort dahin, daß § 237 (das gleiche müßte für die Aufsichtsratsmitglieder aus § 245 Abs. 1 zu folgern sein) lediglich den Fall im Auge habe, in dem den Vorstandsmitgliedern ein Anteil am Jahresgewinn, „also eine wirkliche Beteiligung an dem von der Gesellschaft in dem betreffenden Geschäftsjahre erzielten Gewinne“ zugestanden wird. Eine nähere Bestimmung des Wortes Jahresgewinn fehlt in dem Aufsatz; wohl aber zählt Dr. Ferdinand Esser Beispiele von Beträgen auf, die tantiemepflichtig gemacht werden können und nicht „Jahresgewinn“ sind, wie den Umsatz, den fakturierten Betrag, den Wert der hergestellten Fabrikate u. a.; er vermeidet es, als Beispiel auch den Bruttogewinn anzuführen, der zwar auch eine Art von „Jahresgewinn“ darstellt, jedoch nach Ferdinand Essers oben wiedergegebener relativischen Erklärung des Begriffs „Anteil am Jahresgewinn“ zu den Beträgen gerechnet werden muß, von denen eine durch die §§ 237 und 245 Abs. 1 nicht beeinflußte Tantieme gewährt werden darf. — Die dritte Auflage des Esserschen Kommentars (1907) schließt sich in der Erläuterung zu § 237 den Ausführungen des Aufsatzes von Dr. Ferdinand Esser in der Hauptsache an, enthält aber eine genauere Begriffsbestimmung von „Jahresgewinn“ als der Aufsatz, indem gesagt wird, daß § 237 sich „nur auf den Fall beziehe, in dem den Vorstandsmitgliedern ein Anteil am Jahresgewinn, d. i. des sich aus der Jahresbilanz ergebenden Gewinns zugebilligt ist“; dabei verweist der Kommentar parenthetisch auf die §§ 213, 214, 227 HGB. Trotzdem vermeidet wie der Dr. Ferdinand Essersche Aufsatz auch der Kommentar bei Aufzählung anderer tantiemepflichtiger Beträge, auf die sich die Berechnungsvorschrift des § 237 nicht bezieht, die Erwähnung des Bruttogewinns.

e) Wie die Kommentatoren ESSER erklärt auch RUDORFF[1] das Wort „Jahresgewinn" mit einem einfachen Hinweis auf einen den Jahresreingewinn behandelnden anderen Paragraphen des HGB., den § 261 Nr. 6; der hier erwähnte, am Schlusse der Bilanz besonders anzugebende Gewinn ist nach RUDORFF also der Jahresgewinn, von dem der Vordersatz der §§ 237 und 245 Abs. 1 handelt.

f) In GRUCHOTS Beiträgen Jahrg. 1900 (Bd. 44) S. 653 behauptet PINNER,[2] daß das Gesetz in § 237 und § 245 Abs. 1 nur von dem Falle spreche, daß dem Vorstand und dem Aufsichtsrat ein Anteil am Reingewinn gewährt ist; hierfür gebe es eine unabänderliche Auslegungsregel. Werde aber — und dies sei die Hintertür, die der Gesetzgeber offen gelassen habe — die Vergütung anders berechnet, so stehe es den Parteien frei, zu vereinbaren, was sie wollen. PINNER sieht mit „Anteil am Jahresgewinn" lediglich den Anteil am Reingewinn gedeckt.

g) Ähnlich wie PINNER findet STEINKOPF in seiner Dissertation „Über die Tantieme", daß sich die §§ 237 und 245 „spielend leicht umgehen lassen"; man brauche ja nur die Tantieme des Vorstandes und des Aufsichtsrats nicht vom Reingewinn festzusetzen, um jede Berührung mit den in den beiden Paragraphen enthaltenen Neuerungen zu umgehen (S. 37 a. a. O.). Jahresgewinn ist also identisch mit Reingewinn.

Eine weitere (dritte) Reihe von Schriftstellern, die die §§ 237 und 245 Abs. 1 behandelt haben, lassen eine exakte Deutung der Vordersätze derselben vermissen; so BAUER,[3] LEHMANN,[4] GAREIS.[5] Sie fassen ähnlich wie die Vertreter der ersten Gruppe die Tantieme als Anteil am Reingewinn auf, woraus man schliessen

---

[1] Handelsgesetzbuch vom 10. Mai 1897, Erläuterung zu § 245.

[2] Tantieme des Vorstandes und des Aufsichtsrats nach dem neuen HGB.

[3] BAUER, Inventur und Bilanz S. 192; Der Vorstand S. 38 ff.

[4] LEHMANN, Lehrbuch des Handelsrechts S. 420 und 426; Das Recht der Aktiengesellschaften S. 246, 247, 368.

[5] GAREIS, Handelsgesetzbuch vom 10. Mai 1897, Anmerkung zu § 237; Das deutsche Handelsrecht S. 221 Anm. 4 und S. 226.

könnte, daß sie auch nur einen als Vergütung zugesicherten Reingewinnanteil von der Berechnungsvorschrift der §§ 237 und 245 Abs. 1 treffen lassen wollen; allein ihre Ausdrucksweise ist eine so ungenaue, daß dieser Schluß nicht berechtigt erscheint; nur um einen vollständig orientierenden Überblick über die Literatur zu geben, habe ich der drei Schriftsteller Erwähnung getan. — Aus dem gleichen Grunde sei auch einer Bemerkung Simons (Bilanzen S. 247) gedacht, die zugleich beweist, wie leicht man versucht ist, dem scheinbar unbedeutenden Vordersatz der §§ 237 und 245 Abs. 1 die gebührende Beachtung zu versagen. Simon liest aus den beiden Paragraphen heraus, daß „die Tantiemen des Vorstandes und Aufsichtsrats nach dem Jahresgewinn berechnet werden sollen"; es könne nicht angenommen werden, daß das Gesetz „hierunter etwas anderes verstanden wissen will, als was es in § 261 Ziff. 1 (soll heißen 262 Ziff. 1) unter jährlichem Reingewinn versteht". Das Gesetz will aber gar nicht die Tantiemen vom Jahresgewinn berechnet wissen, sondern eben gerade von dem nach Vornahme sämtlicher Abschreibungen und Rücklagen verbleibenden Reingewinn. Simon setzt, wohl versehentlich, das in dem bedingenden Vordersatz der §§ 237 und 245 Abs. 1 stehende Wort Jahresgewinn in den die Berechnungsweise fixierenden Nachsatz.

Eine eigenartige, in keine der vorerwähnten drei Gruppen recht unterzubringende Ansicht vertreten Lehmann und Ring in ihrem Kommentar zum HGB. In der Erläuterung zu § 237 bemerken sie unter Nr. 2, daß eine Tantieme, die sich nach einem anderen Faktor als dem Jahresgewinn, etwa nach dem Umsatz bestimmt, von der Vorschrift nicht getroffen werde; „selbstverständlich" dürfe nach der Vorschrift „kein Anteil am Bruttogewinn gewährt werden". So selbstverständlich ist diese Entscheidung denn doch nicht. Ohne daß man sich darüber klar wird, welche Bedeutung dem Wort Jahresgewinn in dem Vordersatz der beiden Paragraphen vom Gesetzgeber beigelegt worden ist, kann man zu einem richtigen Ergebnis nicht gelangen. Denn ich wiederhole, der Vordersatz jedes der beiden Paragraphen ist bedingend für die im Nachsatz enthaltene Berechnungsvorschrift; weil dies der Fall ist, so muß eben der Inhalt der Bedingung, müssen also die

Worte Anteil am Jahresgewinn genau interpretiert werden. Dies unterlassen LEHMANN und RING; offenbar lesen sie das „Selbstverständliche" der Paragraphen aus deren Nachsatz, indem sie wie der Kommentar von STAUB-PINNER (§ 237 Anm. 5) folgenden Gedankengang verfolgen: der Gesetzgeber verlangt, daß der Reingewinn, der die Grundlage der Tantiemenberechnung bildet, gekürzt werden soll um sämtliche Abschreibungen und Rücklagen; verlangt dies der Gesetzgeber aber vom Reingewinn, so ist anzunehmen, daß er eine gleiche Kürzung auch vom größeren Bruttogewinn fordern will. — Ein solcher Rückschluß aus dem Nachsatz auf den Inhalt des Vordersatzes — wie ihn übrigens ähnlich auch REHM (Bilanzen § 160 II 1b, S. 654) und FULD (Zeitschrift f. d. gesamte Aktienwesen von HARDER und ICHENHÄUSER, 13. Jahrg. S. 69 ff.) ziehen — ist wegen der vom Gesetzgeber gewählten bedingenden Redeweise unzulässig; der Nachsatz hat mit dem bedingenden Vordersatz, was den Wortsinn anlangt, nichts zu tun; der Sinn des Wortes Jahresgewinn im Vordersatz kann nicht aus dem Inhalt des Nachsatzes gedeutet werden. Dies hat auf andere Weise zu geschehen.

Das Wort Jahresgewinn kommt im HGB. an mehreren Stellen vor. So im § 121 in des 2. Buches 1. Abschnitt, der von der offenen Handelsgesellschaft handelt. Hier heißt es in Abs. 1:

> Von dem Jahresgewinne gebührt jedem Gesellschafter zunächst ein Anteil in Höhe von vier vom Hundert seines Kapitalanteils. Reicht der Jahresgewinn hierzu nicht aus, so bestimmen sich die Anteile nach einem entsprechend niedrigeren Satze.

Der Jahresgewinn ist der „Gewinn" der offenen Handelsgesellschaft, den § 120 näher erklärt:

> Am Schlusse jedes Geschäftsjahres wird auf Grund der Bilanz der Gewinn oder der Verlust des Jahres ermittelt und für jeden Gesellschafter sein Anteil daran berechnet.
>
> Der einem Gesellschafter zukommende Gewinn wird dem Kapitalanteile des Gesellschafters zugeschrieben; der auf einen Gesellschafter entfallende Verlust sowie das während des Geschäftsjahres auf den Kapitalanteil entnommene Geld wird davon abgeschrieben.

Die Bezeichnung „Jahresgewinn“ in § 121 ist eine sehr glücklich gewählte; denn der „Gewinn“, der nach § 120 am Schlusse des Geschäftsjahres auf Grund der Bilanz ermittelt wird, ist tatsächlich der Gewinn des betreffenden Geschäftsjahres. Er ist unabhängig von den gewinn- oder verlustbringenden Vorgängen des Vorjahres; „jedes Jahr hat seinen Segen und seine Sorgen für sich allein“, wie Cosack sagt (Lehrbuch S. 509). Der Gewinn des Jahres ergibt sich bei der offenen Handelsgesellschaft, anders wie bei der Aktiengesellschaft, aus der Vergleichung des Vermögensstandes zu Beginn des Geschäftsjahres mit dem zu Ende des Jahres. Bei der Aktiengesellschaft ist Gewinn erst vorhanden, wenn ein etwaiger Verlust aus dem Vorjahr gedeckt ist, weil bei einer Verteilung des Gewinns ohne Berücksichtigung des Verlustvortrags das stets in unverändertem Betrage unter die Passiva der Bilanz aufzunehmende Grundkapital angegriffen werden würde. Die offene Handelsgesellschaft beseitigt den Verlust jedes Jahres dadurch, daß der auf den einzelnen Gesellschafter entfallende Teil von dessen Kapitalanteile abgeschrieben wird; die Aktiengesellschaft deckt ihren Verlust mit dem Gewinn der nächsten Jahre oder mittels Herabsetzung des Grundkapitals gemäß § 288 HGB. — Also: der Gewinn des Jahres der offenen Handelsgesellschaft bildet sich anders, ist ein anderer als der der Aktiengesellschaft. Einen Jahresgewinn, den Gewinn des Jahres, wie ihn die offene Handelsgesellschaft am Schlusse des Geschäftsjahres feststellt, kennt die Aktiengesellschaft nicht (vgl. Cosack, Lehrbuch S. 602).

Trotzdem gebraucht das HGB. die für die Verhältnisse der offenen Handelsgesellschaft so passende Bezeichnung Jahresgewinn auch in dem Abschnitt, der von der Aktiengesellschaft handelt, und zwar außer in den uns beschäftigenden §§ 237 und 245 Abs. 1 auch in § 214. Dieser lautet:

Die Anteile am Gewinne bestimmen sich nach dem Verhältnisse der Aktienbeträge.

Sind die Einzahlungen nicht auf alle Aktien in demselben Verhältnisse geleistet, so erhalten die Aktionäre aus dem verteilbaren Gewinne vorweg einen Betrag von vier vom Hundert der geleisteten Einzahlungen; reicht der Jahresgewinn hierzu nicht aus, so bestimmt sich der Betrag nach einem entsprechend niedrigeren Satze. Einzahlungen, die im Laufe des Geschäftsjahrs zu leisten waren, werden nach dem Verhältnisse der Zeit berücksichtigt, welche seit dem für die Leistung bestimmten Zeitpunkte verstrichen ist.

Im Gesellschaftsvertrage kann eine andere Art der Gewinnverteilung vorgesehen werden.

Der Paragraph regelt die Verteilung des verteilbaren Gewinns, d. i. (vgl. des näheren unten S. 31 ff.) des nach den gesetzlichen und statutarischen Kürzungen gemäß § 213 vom bilanzmäßigen Reingewinn verbleibenden Restes unter die Aktionäre; er spricht deshalb gleich in seinem 1. Absatz nur von „Gewinn“, nicht von Reingewinn, weil ja der unter die Aktionäre zur Verteilung gelangende Betrag eigentlich nicht mehr der Reingewinn ist, sondern nur noch ein Reingewinnrest. Der erste Satz des 2. Absatzes gebraucht dann auch den passenden Ausdruck „verteilbaren Gewinn“. Plötzlich im zweiten Satz des 2. Absatzes wird der Gesetzgeber in seiner Ausdrucksweise inkonsequent und führt das Wort „Jahresgewinn“ in den Paragraphen ein: reicht der Jahresgewinn hierzu nicht aus, so bestimmt sich der Betrag nach einem entsprechend niedrigeren Satze. Es kann keinem Zweifel unterliegen, daß hier mit Jahresgewinn der verteilbare Gewinn, also der Reingewinnrest gemeint ist; für diesen ist Jahresgewinn nur eine andere Bezeichnung, die SCHOENBECK, der ja, wie wir oben gesehen haben, in „Jahresgewinn“ einen bestimmten, vom Gesetzgeber im § 120 authentisch interpretierten Begriff erblickt, äußerst unangenehm empfindet, weil sie seine ganze Jahresgewinntheorie zerstört und die er deshalb als „höchst auffallend“, „befremdlich“ und „wenig Beifall verdienend“ hinstellt (S. 14—15 seiner Dissertation). Allerdings ist richtig, daß das Wort Jahresgewinn nicht in den Text des § 214 hineinpaßt; aber bei näherer Betrachtung erklärt sich diese Inkonsequenz des Gesetzgebers auf eine sehr harmlose, natürliche Weise. Die Worte in § 214: „reicht der Jahresgewinn hierzu (d. h. zur Verteilung von 4 % der geleisteten Einzahlungen) nicht aus, so bestimmt sich der Betrag nach einem entsprechend niedrigeren Satze“, kommen gleichlautend und in der gleichen, dort den Kapitalanteil des Gesellschafters betreffenden Beziehung in § 121 vor. Welche Vermutung kann da näher liegen, als daß die wörtliche Übereinstimmung dieser Sätze eine Folge der Gesetzesredaktion ist? Und diese Vermutung wird zur Gewißheit, wenn man den in der Denkschrift zum Entwurf des HGB. niedergelegten Gedanken des Gesetzgebers seine Aufmerksamkeit widmet. Auf S. 133 und 134[1] erörtert die Denkschrift die Frage, in welcher Weise der verteilbare Gewinn unter die Aktionäre verteilt werden soll, wenn nicht alle Aktien in demselben Verhältnis eingezahlt sind; es genüge in diesem Falle, so entscheidet die Denkschrift, daß aus dem verteilbaren Gewinn ein in Höhe angemessener Kapitalzinsen bestimmter Betrag nach dem Verhältnis der Einzahlungen vorweg verteilt werde; die Verteilung des darüber hinaus vorhandenen Gewinnes könne dann nach dem Verhältnis der Aktienbeträge erfolgen. Dann fährt die Denkschrift wörtlich fort: „Der § 212 Abs. 2 (jetzt 214) regelt die Frage in diesem Sinne, indem er unter Anlehnung an die im § 119 (jetzt 121) für die offene Handelsgesellschaft getroffenen Vorschriften den nach dem Verhältnisse der Einzahlungen zu berechnenden Gewinnanteil auf 4% festsetzt.“ Bei der sachlichen Fassung des § 214 hat sich der Gesetzgeber also an den Inhalt des § 121 angelehnt; er hat sich aber nicht nur an den sachlichen Inhalt, sondern an den Text derart „angelehnt“, daß außer der Bestimmung über die Ausschüttung eines, 4% des einzelnen Kapitalanteils bzw. der geleisteten Einzahlungen entsprechenden Betrages die Bestimmung des § 121 Abs. 1 Satz 2 in ihrem ganzen Umfange, wörtlich gleichlautend in den § 214 Abs. 2 hineingeraten ist, wo sie in derselben Fassung d. h. mit dem Wort „Jahresgewinn“ gar nicht hineingehört. So erklärt sich sehr einfach das Vorkommen dieses Wortes in § 214 mit einer entschuldbaren redaktionellen Flüchtigkeit bei der Abfassung des Gesetzestextes, und es ist nur „höchst auffallend“, daß sowohl Schoenbeck und, wie ich habe feststellen können, auch alle anderen Schriftsteller nicht auf diese doch recht einfache und naheliegende Erklärung gekommen sind.

Ist man zu der Erkenntnis gelangt, daß das Wort Jahres-

[1] Hahn, Materialien zum Handelsgesetzbuch S. 301.

gewinn in den aktienrechtlichen Bestimmungen des § 214 nichts zu suchen hat und nicht Jahresreingewinn, sondern Jahresreingewinnrest bedeutet, so liegt der weitere Schluß nahe, daß der Gesetzgeber auch bei der aktienrechtlichen Bestimmung der §§ 237 und 245 Abs. 1 nicht an eine Gewinnart, etwa an den Reingewinn, der sich aus der Bilanz ergibt, gedacht hat, oder gar, wie SCHOENBECK und BAUMER behaupten, an eine modifizierte, begrifflich ganz eng bestimmte Art des Bilanzgewinns. Im letzteren Falle wäre infolge der wiederholt von mir hervorgehobenen, bedingenden Redeweise des Gesetzes die Berechnungsvorschrift der §§ 237 und 245 Abs. 1 ausschließlich nur dort anzuwenden, wo ein Anteil an dem von SCHOENBECK und BAUMER ermittelten Gewinn zugesichert worden ist; daß der Gesetzgeber seiner Vorschrift ein so engumgrenztes Anwendungsgebiet hätte geben wollen, kann ernstlich nicht angenommen werden.

Jedoch auch der weitere Begriff, der bilanzmäßige Reingewinn, wird von dem Wort Jahresgewinn nicht gedeckt derart, daß Jahresgewinn eine Bezeichnung für den bilanzmäßigen Reingewinn und nur für diesen wäre. Für diese Kongruenz könnte man allerdings geltend machen, daß der Gesetzgeber nur eine Berechnungsvorschrift habe geben wollen für den einen Fall, daß von den Parteien der Reingewinn als Grundlage für die Tantiemenberechnung gewählt worden ist; der Gesetzgeber, so könnte man in diesem Sinne argumentieren, habe sagen wollen: wenn dem Vorstand und Aufsichtsrate ein Anteil am Reingewinn als Vergütung zugesichert worden ist, so ist dieser Anteil von demjenigen Reingewinn zu berechnen, welcher nach Abzug usw. verbleibt.[1] Wenn dies der Gesetzgeber wirklich hätte sagen wollen, so muß man fragen: weshalb hat er es nicht gesagt? Weshalb gebraucht er so unnötigerweise das farblose, unklare Wort Jahresgewinn in dem Vordersatz, weshalb drückt er sich so inkorrekt aus? Wenn er für Vordersatz und Nachsatz das gleiche Substantivum Reingewinn im Sinn gehabt hätte, so würde er es beiden Satzteilen doch auch gegeben haben. Die Para-

[1] So in der Tat KAUFMANN, Die wesentlichen Unterschiede des alten und des neuen Handelsgesetzbuchs S. 54.

graphen würden dann etwa folgende Fassung erhalten haben: Wird .... ein Anteil am Reingewinn gewährt, so ist dieser Anteil von dem .... verbleibenden Reingewinn zu berechnen. Das wäre korrekt gewesen und der Ton im Nachsatz hätte sich von selbst, wie es bei dieser Auffassung richtig wäre, auf das Wort „verbleibend" gelegt. Ich kann nicht wie Müller glauben, daß der Antragsteller und nach ihm der Gesetzgeber die Worte Jahresgewinn und Reingewinn „des besseren Klanges wegen" nebeneinander gebraucht hat, weil wohl niemand in dieser Nebeneinanderstellung einen besseren Klang wird finden können und weil ich annehme, daß der Gesetzgeber sich korrekt auszudrücken versteht.

Meine bisherigen Ausführungen über die Bedeutung des Wortes Jahresgewinn in den §§ 237 und 245 Abs. 1 glaube ich kurz dahin zusammenfassen zu können: Jahresgewinn bedeutet in den beiden Paragraphen nicht dasselbe wie in § 121, auch nicht dasselbe wie in §§ 214 Abs. 2; es ist auch keine andere Bezeichnung für Reingewinn in dem Sinne, daß es etwa nur diesen decken sollte und keine andere Gewinnart. „Jahresgewinn" im HGB. ist keine Bezeichnung für ein und denselben Begriff, sondern das Wort besagt an den verschiedenen Stellen seines Vorkommens verschiedenes.[1] In den §§ 237 und 245 Abs. 1 bedeutet es jede Art von Gewinn, der am Schlusse des Geschäftsjahres berechnet werden kann. Der Gesetzgeber schließt sich mit der Bezeichnung Jahresgewinn der Ausdrucksweise des praktischen Lebens an und will mit ihr alles umfassen, was im Leben Jahresgewinn genannt wird, also sowohl den Betriebsgewinn, als auch den Roh- oder Bruttogewinn, wie auch den Rein- oder Nettogewinn und schließlich auch den „Jahres"-Gewinn, der als Gewinn des betreffenden Geschäftsjahres herausgerechnet werden kann, ohne Berücksichtigung des Gewinns oder Verlustes des Vorjahres. Diejenigen Jahresertragssummen, die mit „Gewinn" des Gesamtunternehmens begrifflich nichts zu tun haben, werden auch nicht von der Bezeichnung Jahresgewinn getroffen, so z. B. nicht der Bruttoertrag oder der Umsatz, denn er stellt nur die Einnahme aus der Veräußerung der im Unternehmen gefertigten Waren dar, ohne daß

[1] Ebenso Makower, Kommentar § 261, Anm. XII b.

von ihm ein bestimmter Kreis von Betriebsausgaben oder deren mehrere in Abzug gebracht wären; dies letztere Moment stempelt den Bruttoertrag erst zum Gewinn, von dem, wie in der Einleitung ausgeführt, soviel Arten gebildet werden können, als gleichartige Gruppen von Betriebsausgaben sowie von Betriebsrückstellungen für die Zukunft abgezogen werden. — Die Worte „Anteil am Jahresgewinn“ bedeuten demnach die Beteiligung an jeder Art von Gewinn, sie stellen nicht etwa nur die Verdeutschung der als Anteil am Reingewinn gewährten Tantieme dar, sondern bedeuten Tantieme im weitesten Sinne. Diese meine Ansicht über die Bedeutung der Worte Anteil am Jahresgewinn in den §§ 237 und 245 Abs. 1 wird geteilt von den Kommentatoren Staub-Pinner[1], Makower[2], Goldmann[3], sowie von Rehm[4]; die praktischen Folgerungen, die sich aus dieser Interpretation unter Berücksichtigung des Nachsatzes der Paragraphen ergeben, sollen unten im § 2 des vierten Kapitels ihre Würdigung finden; die Aufgabe des vorliegenden Kapitels war lediglich, den Sinn der Worte Anteil am Jahresgewinn festzustellen.

Drittes Kapitel.

Die Berechnungsvorschrift der §§ 237 und 245 Abs. 1.

§ 1.

Der Begriff des Reingewinns im HGB., insbesondere der „verbleibende Reingewinn“ der §§ 237 und 245 Abs. I. — Die Abschreibungen.

Der als Tantieme zugesagte Anteil am Jahresgewinn ist für den Vorstand nach § 237 von dem nach Vornahme sämtlicher Abschreibungen und Rücklagen verbleibenden Reingewinn und für den Aufsichtsrat nach § 245 Abs. 1 von dem Reingewinn zu berechnen, welcher nach Vornahme sämtlicher Abschreibungen und Rücklagen sowie nach Abzug eines für die Aktionäre bestimmten

---

[1] Kommentar § 237 Anm. 4 und 5. [2] Kommentar § 287 Anm. I b.
[3] Kommentar § 237 Anm. 1. [4] Bilanzen § 160 II.

Betrages von mindestens vier vom Hundert des eingezahlten Grundkapitals verbleibt. Das Gesetz bezeichnet beide Male den verbleibenden Betrag als Reingewinn und da es dieses Wort außer in den §§ 237 und 245 Abs. 1 auch an anderen Stellen gebraucht, so hat man sich wie vorher beim „Jahresgewinn" zu fragen, ob das Wort „Reingewinn" überall im HGB. dieselbe Bedeutung hat. Nun genügt schon ein Blick auf § 245 Abs. 1, um festzustellen, daß der Gewinn, der — abgesehen von den Abschreibungen und Rücklagen — nach Abzug eines Betrages von 4 % des eingezahlten Grundkapitals verbleibt, kein Reingewinn in seiner geschlossenen Bedeutung mehr sein kann, sondern nur ein Reingewinnrest; denn da nach § 215 unter die Aktionäre nur verteilt werden darf, was sich nach der jährlichen Bilanz als Reingewinn ergibt, so muß eben schon ein Reingewinn vorhanden sein, ehe ein Betrag, der 4 % des eingezahlten Grundkapitals entspricht, für die Aktionäre herausgerechnet und zwecks Verteilung unter sie reserviert werden kann. Darüber herrscht in der Literatur natürlich kein Streit; der „verbleibende Reingewinn" des § 245 Abs. 1 wird allseitig als Reingewinnrest anerkannt. Der Reingewinn jedoch, der nach § 237 nach Vornahme sämtlicher Abschreibungen und Rücklagen verbleibt, ist Gegenstand eifriger Erörterungen geworden; von ihm wird behauptet, er sei kein Reingewinnrest, sondern selbst „Reingewinn", und zwar der bilanzmäßige Reingewinn, von dem im HGB. mehrfach in der gleichen Bedeutung die Rede sei. Die Folge dieser Behauptung ist, daß die Bestimmung des Begriffs der Abschreibungen und Rücklagen abhängig gemacht wird von dem Begriff dieses verbleibenden „Reingewinns". Ehe ich meine eigene Stellungnahme entwickle zu der Frage, was Reingewinn im § 237 und an anderen Stellen des HGB. bedeutet, halte ich es für richtig, zunächst diejenigen zu Wort kommen zu lassen, die den Wortlaut des Gesetzes für sich haben und demgemäß den „verbleibenden" Reingewinn in § 237 als den Reingewinn im Sinne des Gesetzes auffassen. Der Erörterung zu unterziehen sind die Darlegungen von Pemsel[1], Müller, Baumer und Schoenbeck.

[1] Pemsel, Die Tantiemen des Vorstandes und des Aufsichtsrates von Aktiengesellschaften.

a) Nach Pemsel ist der Reingewinn, der nach Vornahme sämtlicher Abschreibungen und Rücklagen verbleibt, der von der Generalversammlung festgestellte Bilanzgewinn. Die Abschreibungen und Rücklagen der §§ 237 und 245 Abs. 1 sind also nur solche, die behufs Ermittelung des Reingewinnes vorgenommen werden; sie haben nach Pemsel das gemein, daß sie beide Abschreibungen im weiteren Sinne sind, die Bewertung von Vermögensgegenständen bezwecken, und zwar sind „Abschreibungen" die notwendigen Minderbewertungen, „Rücklagen" die in das Gewand von Bewertungsmaßnahmen gekleideten fakultativen, über das Maß der notwendigen Abschreibungen hinausgehenden gesetzlich und statutarisch nicht gebotenen Reduktionen des Bruttogewinns (S. 23 und 24 a. a. O.). Diese „Rücklagen", die sich also nur dem Umfange nach von den „Abschreibungen" unterscheiden, seien begrifflich zu sondern von den „echten" Reserven, d. s. die aus dem Reingewinn zurückgelegten Beträge, die auf der Passivseite der Bilanz als Fonds figurieren (S. 18 a. a. O.). Den nach Vornahme aller „Abschreibungen und Rücklagen" verbleibenden, von der Generalversammlung festgestellten Reingewinn müßten Vorstand und Aufsichtsrat als Grundlage der Tantiemenberechnung gegen sich gelten lassen; diejenigen „Rücklagen" aber, die als „echte" Reserven aus dem Reingewinne behufs Verwendung desselben beschlossen werden — wie z. B. der Zwangsreservefonds des § 262! —, seien mangels anderes bestimmender statutarischer Vorschriften tantiemepflichtig, d. h. nicht in Abzug zu bringen.

b) Müller erblickt in dem „verbleibenden" Reingewinn des § 237 den Reingewinn, der sich aus einer den Vorschriften des Gesetzes und des Statuts nachkommenden Bilanz ergibt. Er unterscheidet zwischen „Abschreibungen und Rücklagen", die in der Bilanz behufs Ermittlung des Reingewinns vorgenommen werden müssen bzw. vorgenommen sind, und denjenigen „Abschreibungen und Rücklagen", die nach Feststellung der Bilanz aus dem Reingewinn zum Zwecke der Verwendung des letzteren gemäß den Vorschriften des Gesetzes und des Statuts beschlossen werden. Von den „Abschreibungen" müßten die wirtschaftlich notwendigen sämtlich in die Bilanz aufgenommen werden, die freiwilligen ebenfalls, es sei denn, daß nach Statut die Generalversammlung freiwillige oder außerordentliche Abschreibungen aus dem Reingewinn beschließen dürfe. „Rücklagen" hingegen, die nicht zugleich Abschreibungen seien, hätten regelmäßig, wenn das Statut nichts anderes bestimmte, erst nach festgestellter Bilanz aus dem Reingewinn zu erfolgen. Unter den „sämtlichen Abschreibungen und Rücklagen der §§ 237 und 245 Abs. 1, die tantiemefrei zu bleiben haben, seien lediglich die nach Gesetz und Statut in der Bilanz vorzunehmenden zu verstehen" (S. 16 a. a. O.). — Nach Müller kommt es nur darauf an, was das Statut über die Aufmachung der Bilanz vorschreibt: ermächtigt es die Generalversammlung, freiwillige oder außerordentliche Abschreibungen aus dem Reingewinn zu beschließen, so ist das günstig für Vorstand und Aufsichtsrat, denn dann ist vor Vornahme dieser Abschreibungen ein größerer tantiemepflichtiger Reingewinn vorhanden; bestimmt das Statut aber nichts darüber, wie die freiwilligen Abschreibungen zu bewirken sind, so müssen dieselben vor Feststellung des tantiemepflichtigen Reingewinns in der Bilanz vorgenommen werden, was zur Folge hat, daß dieser Reingewinn erheblich gekürzt wird. Ähnlich verhält es sich mit den Rücklagen. Nur der Wortlaut des Statuts, das doch auf den bilanzrechtlichen und buchführungstechnischen Charakter der Abschreibungen und Rücklagen nicht einwirken kann, soll entscheiden über die Größe des tantiemepflichtigen Bilanzgewinns; wäre dies wirklich der Sinn der §§ 237 und 245 Abs. 1, so wäre mit ihnen ein unsicherer Rechtszustand erst geschaffen, nicht, wie es doch wohl in der Absicht des Gesetzgebers gelegen hat, beseitigt worden.

c) Auch Baumer sieht in dem nach Vornahme sämtlicher Abschreibungen und Rücklagen verbleibenden Reingewinn des § 237 den Gewinn, den die Jahresbilanz ausweist (S. 14 a. a. O.). Diese Jahresbilanz unterliegt aber nicht der Feststellung seitens der Generalversammlung, sondern der des Vorstandes. Genügt die der Generalversammlung vorgelegte Bilanz des Vorstandes den Vorschriften des Gesetzes, des Statuts und den Anforderungen, die an die Sorgfalt eines ordentlichen Kaufmanns gestellt werden können, so sind nach ihr auch die Tantiemen des Vorstandes und des Aufsichtsrates zu berechnen. (S. 13 und 14 a. a. O.). Was die Generalversammlung dann weiter mit dem vom Vorstand herausgerechneten Reingewinn anfängt, berührt nur die Dividende der Aktionäre, nicht aber die Tantieme des Vorstandes; wenn also die Generalversammlung beim Vorliegen einer unbestimmt gehaltenen Statutsvorschrift über Abschreibungen und Rücklagen solche in höherem Maße vornimmt als der Vorstand, so hat diese Festsetzung der Generalversammlung, vorausgesetzt, daß die Bilanz des Vorstandes eine ordnungsgemäße, normalen Ansprüchen genügende ist, nicht den geringsten Einfluß auf die Tantiemen. Baumer faßt hiernach den Begriff der sämtlichen Abschreibungen und Rücklagen der §§ 237 und 245 Abs. 1 anders als Pemsel, der sämtliche, Bewertungsmaßnahmen in sich schließende Abschreibungen und Rücklagen, sie mögen notwendige oder durch die Generalversammlung freiwillig vorgenommene sein, als tantiemefrei, andere Rücklagen, wie den Reservefonds, aber tantiemepflichtig behandelt; nach Baumer sind von den Abschreibungen und von den Rücklagen oder, wie er sagt, von den Reservestellungen nur diejenigen tantiemefrei, die der Vorstand als durchaus notwendige laut Gesetz, Statut und kaufmännischer Sitte bei der Bilanzaufstellung zu berücksichtigen hat, also einerseits nicht sämtliche wertmindernde Abschreibungen und den Abschreibungen angeblich gleichzustellende „Rücklagen", andererseits aber doch gesetzliche und statutarische „echte Reserven", so den Reservefonds (S. 17 a. a. O.). Auch von den Ausführungen Müllers weicht Baumer insofern ab, als er über die Aufmachung der Jahresbilanz andere Regeln gelten läßt. Nach Müller spricht von vornherein die Vermutung dafür, daß sämtliche Abschreibungen in der Bilanz vorzunehmen sind, so daß nur ausnahmsweise, wenn das Statut der Generalversammlung hierzu ausdrücklich die Ermächtigung erteilt, freiwillige oder außerordentliche Abschreibungen nach Abschluß der Bilanz, aus dem festgestellten Bilanzgewinn vorgenommen werden dürfen; Baumer hingegen verlangt gerade umgekehrt, daß das Statut ausdrücklich angibt, welche von den freiwilligen Abschreibungen in der Bilanz zu berücksichtigen sind; mangels solcher Vorschriften ist der Vorstand, dessen Gutdünken Baumer ja die Aufstellung der für die Tantieme maßgebenden Bilanz überläßt, nicht gehalten, freiwillige Abschreibungen in der Bilanz zu berücksichtigen, dies soll vielmehr nach Berechnung der Tantieme der späteren Generalversammlung überlassen bleiben.

d) Der SCHOENBECKschen Auslegung des Begriffs „Reingewinn" in den §§ 237 und 245 Abs. 1 habe ich schon im vorigen Kapitel Erwähnung getan (S. 12 und 13). SCHOENBECK glaubt, daß das Gesetz in § 237 die authentische Interpretation des Begriffs „Reingewinn" habe geben wollen (S. 11 a. a. O.); der „verbleibende Reingewinn" des § 237 sei der Reingewinn des HGB. Dieser Reingewinn ergebe sich nach § 237 erst nach Abzug sämtlicher Abschreibungen und Rücklagen vom Rohgewinn, während „Jahresgewinn", in demselben Paragraphen, der nur um die ordentlichen Abschreibungen gekürzte Rohgewinn sei. Bevor nicht sämtliche Abschreibungen und Rücklagen gemacht seien, sei ein „Reingewinn" im Sinne des Gesetzes nicht vorhanden. Da das Gesetz in § 262 Z. 1 die Dotierung des Reservefonds aus dem Reingewinn fordere, mache es mit dieser Rücklage eine Ausnahme (S. 24 a. a. O.): sie falle nicht unter die Rücklagen der §§ 237 und 245 Abs. 1 und sei daher tantiemepflichtig. Eine ganz erstaunliche Behauptung! Gerade der Reservefonds ist eine Rücklage κατ' ἐξοχήν und nichts rechtfertigt die Ansicht, daß der Gesetzgeber gerade diese habe tantiemepflichtig machen wollen; das Gesetz spricht doch in den §§ 237 und 245 Abs. 1 von sämtlichen Rücklagen, eine Tatsache, die SCHOENBECK wohl in der Polemik gegen die PEMSELsche Unterscheidung von Rücklagen und echten Reserven ausspielt, die er aber bei Aufstellung seiner Reingewinnstheorie geflissentlich übersieht. Gerade der Umstand, daß das Gesetz selbst in § 262 Z. 1 des Reservefonds, einer Rücklage aus dem Reingewinn Erwähnung tut, hätte SCHOENBECK von der Unrichtigkeit seiner Begriffsbestimmung des Reingewinnes, die er in § 237 findet, überzeugen müssen, und er hätte nicht die überaus billige Behauptung aufstellen dürfen, daß das Gesetz mit dem Reservefonds eine „Ausnahme" statuiert habe; er versucht übrigens gar nicht, darüber Betrachtungen anzustellen, weshalb wohl das Gesetz diese Ausnahme gemacht hat.

Die Ausführungen der vorgenannten vier Schriftsteller können vor einer strengen Kritik nicht bestehen; sie zeigen, abgesehen von der auf schwankendem Boden sich aufbauenden Darlegung

Schoenbecks, trotz scharfsinniger Begründung zu offensichtlich das Bestreben, den durch die §§ 237 und 245 Abs. 1 in ihren Tantiemebezügen bedrohten Organen der Aktiengesellschaft zu Hilfe zu kommen, ein Bestreben, das nur dann Aussicht auf Erfolg hat, wenn dem Wortlaut und dem Sinn der Gesetzesparagraphen Gewalt angetan wird. Die Bemühungen Pemsels und Müllers werden erst recht verständlich, wenn man die Ansicht dieser Juristen über die Absicht des Gesetzgebers und die Wirkung der Paragraphen auf die geschäftliche Praxis der Aktiengesellschaften hört; so spricht Müller von einer „verderblichen Wirkung auf das ganze Aktiengesellschaftswesen" (S. 28 a. a. O.); Pemsel meint, daß die in die §§ 237 und 245 Abs. 1 einschlagenden Fragen im Reichstage zum großen Teil „mit starkem Übelwollen und schwacher Sachkenntnis" behandelt worden sind (S. 6 a. a. O.). Wenn man mit so offenkundigem Mißtrauen an die Auslegung einer Gesetzesbestimmung herantritt, dann kann nicht ausbleiben, daß das Ergebnis der Betrachtungen höchstens für die lex ferenda von Wert sein kann, für die lex lata aber nicht zu verwerten ist.

Pemsel, Müller und Baumer haben, wie ich im Anfang dieser Betrachtung hervorhob, in ihrer Darstellung das gemeinsam, daß sie in dem § 237 verbleibenden Reingewinn nicht einen Reingewinnrest, sondern den Reingewinn erblicken, von dem der Gesetzgeber noch an anderen Stellen des HGB. spricht: d. i. der bilanzmäßige Reingewinn. Je nach der Vorstellung, die sie sich von diesem Reingewinn machen, wird ihre Begriffsbestimmung der „Abschreibungen" und der „Rücklagen" beeinflußt. Aber diese Methode, dem „verbleibenden Reingewinn" des § 237 eine bestimmte enge Bedeutung beizulegen und nach ihm die „Abschreibungen und Rücklagen", nach deren Kürzung er verbleibt, begrifflich zu bestimmen, ist von vornherein verfehlt. Denn wenn der Gesetzgeber den Reingewinnrest, der gemäß § 245 Abs. 1 nach Vornahme sämtlicher Abschreibungen und Rücklagen sowie nach Abzug eines Betrages von 4% des eingezahlten Grundkapitals „verbleibt", selbst einen Reingewinn nennt, so liegt doch nahe, daß er in der Redeweise des die gleiche Materie mit Bezug auf den Vorstand regelnden § 237 ebenso inkonsequent ist, daß er also auch hier mit dem „verbleibenden"

Reingewinn nicht den an anderen Stellen von ihm erwähnten bilanzmäßigen Reingewinn, sondern einen Rest eines solchen Bilanzgewinns bezeichnen will.

Man sollte nun meinen, daß PEMSEL, MÜLLER und BAUMER, die doch für ihre Ausführungen insofern denselben Ausgangspunkt wählen, als sie den „verbleibenden" Reingewinn des § 237 als „bilanzmäßigen" Reingewinn ansehen, hinsichtlich der Worte Abschreibungen und Rücklagen zu demselben Ziele gelangen könnten; dies ist aber deshalb nicht der Fall, weil sie den Begriff des bilanzmäßigen Reingewinns verschieden fassen und darum auch unter „Abschreibungen und Rücklagen" verschiedenes verstehen. — Meines Erachtens kann man nur dann zu dem richtigen Verständnis des „verbleibenden Reingewinns" des § 237 und der „Abschreibungen und Rücklagen" der §§ 237 und 245 Abs. 1 gelangen, wenn man diese Begriffe, möglichst voneinander gesondert, aus anderen Paragraphen des HGB. als den §§ 237 und 245 Abs. 1 herzuleiten sucht und darauf die Probe macht, ob der Gesetzgeber von der sonst von ihm gewählten Terminologie entweder hinsichtlich des „Reingewinns" oder aber hinsichtlich der „Abschreibungen und Rücklagen" in den §§ 237 und 245 Abs. 1 abweicht; was insbesondere letztere Begriffe anlangt, so ist der § 271 Abs. 3 zu berücksichtigen, den die drei genannten Schriftsteller auffallenderweise ganz außer acht lassen.

Ich wende mich im folgenden zunächst dem Begriff des Reingewinns zu. In § 213 begegnet dies Wort zum erstenmal im HGB.; es heißt dort:

> Die Aktionäre können ihre Einlagen nicht zurückfordern; sie haben, solange die Gesellschaft besteht, nur Anspruch auf den Reingewinn, soweit dieser nicht nach dem Gesetz oder dem Gesellschaftsvertrage von der Verteilung ausgeschlossen ist.

Der Paragraph setzt einen Reingewinn voraus, der verteilungsfähig ist und als solcher durch Gesetz und Statut von der Verteilung unter die Aktionäre ausgeschlossen werden kann; näher wird der Begriff dieses Reingewinns hier nicht umgrenzt.

In § 214 bestimmt sodann der Gesetzgeber, daß die Anteile am Gewinn sich nach dem Verhältnisse der Aktienbeträge bestimmen sollen (Abs. 1); sind die Einzahlungen nicht auf alle

Aktien in demselben Verhältnisse geleistet, so erhalten die Aktionäre aus dem *verteilbaren* Gewinn vorweg einen Betrag von vier vom Hundert der geleisteten Finzahlungen (Abs. 2); im Gesellschaftsvertrage kann eine andere Art der *Gewinnverteilung* vorgesehen werden (Abs. 3). Der § 214 handelt also von der Verteilung des Reingewinns unter die Aktionäre und zwar von der Verteilung des *verteilbaren* Reingewinns, d. i. des Betrages, der von dem verteilungs*fähigen* Reingewinn des § 213 nach den vom Gesetz oder Statut vorgesehenen Abzügen übrig bleibt. Dieser Betrag, der unter die Aktionäre verteilt wird, wird in § 214 deutlich als Reingewinnrest gekennzeichnet, und es muß bemerkt werden, daß in diesem Paragraphen die Bezeichnung „Reingewinn“ für diesen Gewinnrest vermieden wird. — Die Gewinnverteilung des § 214, d. i. die Verteilung des Gewinns *unter die Aktionäre*, ist begrifflich streng zu sondern von der Gewinnverteilung des § 260: hier ist von der Verteilung des *ganzen* bilanzmäßig festgestellten Reingewinns im Sinne von *Verwenden überhaupt* die Rede; die Verteilung des Gewinns (d. h. des Gewinnrestes) unter die Aktionäre ist nur ein Teil der *Verwendung* gemäß § 260.

Wie § 213 bestimmt hatte, daß die Aktionäre ihre Einlagen nicht zurückfordern dürfen, so normiert § 215 Abs. 1 weiter, daß für die Aktionäre auch *Zinsen* von *bestimmter Höhe* weder bedungen noch ausbezahlt werden dürfen; es darf nur dasjenige unter sie verteilt werden, was sich *nach der jährlichen Bilanz als Reingewinn* ergibt. Der Sinn dieser Vorschrift ist, daß — unter Beachtung der einschränkenden Bestimmung des § 213 — auf keinen Fall *mehr* unter die Aktionäre verteilt werden darf, als was sich nach der (einen Gewinn- oder Verlustvortrag aus dem Vorjahr einschließenden) Jahresbilanz als Reingewinn ergibt. § 215 begrenzt das Maß des nach § 213 verteilungsfähigen Reingewinns nach oben hin, indem er als Maßstab die Bilanz, die Jahresbilanz bezeichnet. Die beiden Paragraphen, 213 und 215, stehen sich in einem bemerkenswerten Verhältnis gegenüber: § 213 weist auf den Reingewinn hin, der unter die Aktionäre verteilt merden *muß*, § 215 auf den, der *höchstens* unter sie verteilt werden *darf*. Es ist nun klar, daß der Reingewinn des § 213, ohne daß dieser Paragraph das ausdrücklich sagt, sich bildet auf Grund der Bilanz, wie dies vom Gesetzgeber für den Reingewinn des § 215 in diesem Paragraphen besonders hervorgehoben wird. Der Reingewinn des § 213 ist ebenso ein bilanzmäßiger wie der des § 215; aber es fragt sich, ob der Gesetzgeber in beiden Paragraphen ein und denselben Bilanzgewinn im Sinne gehabt hat.

Von der Bilanz ist die Ziffer des Reingewinns abhängig; je nach den Regeln, die bei der Aufstellung der Bilanz beobachtet werden, wird die Reingewinnziffer größer oder kleiner sein. Wenn nun der Gesetzgeber in § 215 Abs. 1 das Höchstmaß dessen angibt, was unter die Aktionäre verteilt werden darf, so ist anzunehmen, daß er dieses Höchstmaß abhängig machen will von den Vorschriften, die er selbst über die Aufstellung der Bilanz im HGB. gegeben hat. Diese in den §§ 40 und 261 niedergelegten Bilanzvorschriften regeln nicht nur die Frage, wie die sämtlichen Vermögensbestandteile auf der Aktiv- und der Passivseite zu verteilen sind, sondern sie ordnen auch an, wie hoch einzelne Bilanzposten zu bewerten sind; sie beeinflussen nicht nur den äußeren Umfang des durch die Passiva gebildeten Subtrahendus, sondern auch die einzelnen den Minuendus einerseits und den Subtrahendus andererseits bildenden Summanden. Diese Bewertungsvorschriften des Gesetzgebers wollen jedoch nur bewirken, daß die aktiven Vermögensgegenstände nicht zu hoch, die Schulden nicht zu niedrig bemessen werden; es bleibt den Gesellschaften unbenommen, die einzelnen Aktiva zu einem niedrigeren Werte einzusetzen, als er ihnen zu der Zeit, für die die Bilanz aufgestellt wird, beiwohnt.[1]

Nach der Hauptregel des § 40 HGB. sind sämtliche Ver-

---

[1] So Staub, Kommentar § 40 Anm. 2 und § 261 Anm. 4 und 5; Goldmann, Kommentar § 261 Ziff. 9; Neukamp, Das Dogma von der Bilanzwahrheit in Goldschmidts Zeitschrift Bd. 48 S. 464 ff.; Lehmann-Ring, Kommentar § 40 Nr. 1; Lehmann, Das Recht der Aktiengesellschaften Bd. II S. 307 und Lehrbuch S. 431 Anm. 4; Cosack, Lehrbuch S. 606; Knappe, Bilanzen S. 93; Bauer, Inventur und Bilanz S. 38; — gegen die Zulässigkeit der Unterbewertung Makower, Kommentar § 40 II e, im Prinzip auch Rehm, Bilanzen §§ 20 und 40 II, vgl. jedoch auch § 43.

mögensgegenstände — insbesondere auch die aktiven, von denen im folgenden ausschließlich zu handeln ist — zu dem Werte in der Bilanz anzusetzen, der ihnen in dem Zeitpunkte beizulegen ist, für den die Bilanzaufstellung stattfindet; d. h. zu dem wirklichen Zeitwert. Die Feststellung dieses Wertes wird häufig auf Schwierigkeiten stoßen, da einerseits subjektive Erwägungen, die sich leicht aufdrängen, die objektive Wertbemessung nicht zu sehr beeinflussen dürfen, andererseits der objektive Geschäftswert nicht identifiziert zu werden braucht mit dem Wert, der sich anläßlich einer Versilberung des Gegenstandes zur Zeit des Bilanzstichtages ergeben würde. Überläßt es der Gesetzgeber nun dem Einzelkaufmann, den wahren Wert der Vermögensgegenstände zu ermitteln, so gibt er für die Aktiengesellschaften aus begreiflichen Gründen nähere Vorschriften: nach § 261 Ziff. 1—3 sind die aktiven Vermögensstücke höchstens zu dem Anschaffungs- oder Herstellungspreis anzusetzen; für Waren und Wertpapiere kommt auch der Börsen- und Marktpreis des Bilanzstichtages in Betracht, sofern er niedriger ist als der Anschaffungs- oder Herstellungspreis; bei Anlagen und dauernd zum Geschäftsbetrieb bestimmten Gegenständen darf zwar der Anschaffungs- oder Herstellungspreis angesetzt werden, sofern nur ein der Abnutzung gleichkommender Betrag, entweder auf der Aktiv- oder auf der Passivseite, in Abzug gebracht wird.

Jedem Gegenstande wird, sowie er in die Vermögensmasse der Gesellschaft eintritt, ein Buchwert zuerteilt, den er im Laufe des Geschäftsjahres bis auf weiteres behält. Bei Aufstellung der Bilanz wird dieser Buchwert daraufhin geprüft, ob er unverändert in die Bilanz aufgenommen werden kann oder nicht. Die Prüfung hat zu erfolgen in erster Linie an der Hand der gesetzlichen Vorschriften, die ich oben wiedergegeben habe. Sodann sind neben den kaufmännisch anerkannten Regeln des praktischen Lebens auch die Vorschriften des Statuts über die Wertbemessung zu beachten. Diese statutarischen Vorschriften können die Herabsetzung des Wertes von Aktiven über das gesetzliche, wirtschaftliche Maß hinaus entweder bestimmt gebieten oder unbestimmt erlauben. Das Befolgen der statutarischen Anordnungen, im zweiten Falle das Gebrauchmachen von der Erlaubnis bewirkt, daß eine Reingewinnziffer sich ergibt, die, je nach der Strenge des Statuts, vielleicht bedeutend niedriger ist als diejenige, die eine nur den gesetzlichen Anordnungen genügende Bilanz aufweisen würde. Die Bewertungen der Aktivposten, die Wertherabsetzungen, die bei der Bilanzaufstellung vorgenommen werden, sind entscheidend für die Bilanz und die Höhe der Reingewinnziffer.

Die Herabsetzung des Wertes von aktiven Vermögensgegenständen ist eine auf wirtschaftlichen Erwägungen beruhende buchführungstechnische Maßnahme, die mittelst der Abschreibung getroffen wird. Ihr Umfang bestimmt sich nach dem Gesetz, dem Statut und den Regeln und Vorkommnissen des praktischen Lebens; die weitestgehende durch die Abschreibung bewirkte Änderung eines bestehenden Buchwertes ist dessen Vernichtung. Je nach den Gründen, die zur Vornahme der Wertänderung führen, erhält die Abschreibung ihre Bezeichnung.

Neben die gesetzlichen Abschreibungen, d. s. solche, die das Gesetz direkt oder indirekt in den §§ 40 Abs. 2 und 3 und 261 Ziff. 1—3 vorschreibt, stellen sich die statutarischen, d. s. die auf dem Statut beruhenden. Abschreibungen, zu deren Vornahme Gesetz, Statut oder außergewöhnliche Vorkommnisse und geschäftliche Konjunkturen nötigen, sind die notwendigen Abschreibungen, zu denen gegensätzlich diejenigen zwei Arten von Abschreibungen freiwillige genannt werden müßten, die das Statut nur erlaubt, nicht zwingend vorschreibt, und zweitens die, die ohne gesetzlichen, statutarischen und geschäftspolitischen Zwang und ohne statutarische Erlaubnis vorgenommen werden; diese zweite Art der freiwilligen Abschreibung ist nach § 271 Abs. 3 anfechtbar. Die gegensätzlichen Bezeichnungen „notwendige“ und „freiwillige“ Abschreibung werden in der Literatur und in der Praxis zumeist in einem anderen als dem von mir angegebenen Sinne gebraucht; man deutet mit ihnen den Gegensatz von wirtschaftlich notwendig zu wirtschaftlich nicht notwendig an.[1] Notwendige Abschreibungen sind hiernach diejenigen, die die Vermögensstücke auf den wahren Wert bringen,

[1] So beispielsweise REHM, Bilanzen § 136 IV; STAUB in HOLDHEIMS Monatsschrift 2. Jahrg. S. 365 und STAUB-PINNER, Kommentar § 237 Anm. 17.

freiwillige die, die eine Unterbewertung herbeiführen; die Maximalgrenze des wahren Wertes wird durch das Gesetz (§ 261 HGB.) gezogen. Die im Statut begründete Notwendigkeit wird bei dieser Art der Benennung der Abschreibungen nicht beachtet. Das halte ich für falsch: die statutarische Anordnung von über das wirtschaftlich notwendige Maß hinausgehenden Abschreibungen ist wohl eine freiwillige, die Abschreibung selbst aber, die auf Grund einer solchen zwingenden Anordnung vorgenommen werden muß, hat nichts von Freiwilligkeit an sich, sie ist notwendig, weil durch Statut geboten. Bei der Benennung der Abschreibung, die eine buchführungstechnische Maßnahme ist und als solche verstanden werden muß, sollte man nicht den mit der Abschreibung verbundenen Zweck und den wirtschaftlichen Erfolg, sondern allein den Charakter ins Auge fassen, der ihr durch Gesetz, Statut und Außergewöhnlichkeit aufgeprägt ist.

Im Gegensatz zu den Abschreibungen, die, mögen sie auf Gesetz oder Statut beruhen, dem gewöhnlichen Laufe der Dinge folgen — den ordentlichen Abschreibungen — stehen die außerordentlichen Abschreibungen: d. s. solche, die ihren Anlaß in außergewöhnlichen, außerhalb der gewöhnlichen Ordnung des Geschäftsgangs liegenden Vorkommnissen haben, z. B. unerwarteter Materialschaden infolge Naturereignisses, unvorhersehbare Entwertung eines eigenen Patentes durch eine Konkurrenzerfindung usw. Diesen außerordentlichen Abschreibungen haftet das Moment des Zwanges an. Außerordentliche Abschreibungen werden vielfach aber auch solche genannt, die gemacht werden bei unerwarteten Zuzahlungen durch Aktionäre (vgl. § 262 Ziff. 3) und bei unerwartet, außergewöhnlich hohem Betriebsgewinn. Rehm[1] findet das Begriffsmerkmal der außerordentlichen Abschreibungen darin, daß sie nicht wie die ordentlichen regelmäßig (alljährlich) wiederkehren, sondern unregelmäßig. Aber der Umstand, daß die außerordentliche Abschreibung nicht regelmäßig wiederkehrt, ist nur eine Begleiterscheinung des sie veranlassenden außergewöhnlichen Vorkommnisses und ist nicht geeignet, als Begriffsmerkmal zu dienen.

---

[1] Bilanzen § 137 II D.

Wie die Bezeichnung der Abschreibung eine verschiedene ist, so ist auch die Art, wie sie gehandhabt wird, eine mehrfache. Die Prüfung der Buchwerte und ihre Herabsetzung durch das Mittel der Abschreibung geschieht vor Aufstellung der Bilanz zunächst seitens der mit der Buchführung betrauten Beamten und der Verwaltung der Aktiengesellschaft. Maßgebend für diese Prüfung sind, wie oben S. 32 ff. schon ausgeführt, an erster Stelle die Vorschriften des Gesetzes; wird ihnen genügt, so erscheinen die Vermögensgegenstände zu dem gesetzlichen Werte in der Bilanz, und diese selbst ist *die* Bilanz, von der der Gesetzgeber im § 215 spricht: d. i. die Bilanz, deren Reingewinn im Höchstfall unter die Aktionäre verteilt werden *darf*. Sie zeigt die aktiven Werte schon *nach* Vornahme von Abschreibungen und aus ihr resultiert ein bilanzmäßiger Reingewinn, gegen dessen Höhe vom gesetzlichen Standpunkte nichts einzuwenden ist. Aber die die Bilanz aufstellenden Beamten und Organe der Gesellschaft sind nicht allein an die gesetzlichen Vorschriften gebunden, sondern haben auch die zur Zeit des Jahresschlusses obwaltenden geschäftlichen Konjunkturen, vor allem aber auch die Anordnungen des Statuts zu berücksichtigen. Wie früher schon erwähnt, kann das Statut Abschreibungen, die das gesetzlich erforderliche, wirtschaftlich notwendige Maß überschreiten, in Höhe eines bestimmten Prozentsatzes entweder gebieten oder unbestimmt nur gestatten. Die Beobachtung all dieser Vorschriften seitens der mit der Bilanzaufstellung betrauten Personen bewirkt, daß eine andere Bilanz als die gesetzliche ersteht, daß andere, *niedrigere* Werte in der Bilanz auftreten, als wie sie das Gesetz verlangt, daß schließlich ein anderer, *niedrigerer* bilanzmäßiger Reingewinn erwächst, als wie ihn eine nur den gesetzlichen Erfordernissen genügende Bilanz aufgewiesen haben würde. Diese Bilanz, in der also, soweit es das Statut verlangt hatte, bereits durch Abschreibungen über das gesetzlich erforderliche Maß hinaus verringerte Werte sich befinden, wird der Generalversammlung vorgelegt, die nach § 260 Abs. 1 die Aufgabe hat, erstens über die Genehmigung der Bilanz und zweitens über die Gewinnverteilung (im weiteren Sinne, d. i. Gewinnverwendung) zu beschließen. Genehmigung der Bilanz und Gewinnverteilung sind streng voneinander zu sondern: bevor die Generalversammlung zur Gewinnverteilung schreitet, hat sie sich schlüssig zu werden über die Bilanz selbst, d. h. über die Bemessung der Werte, die in der Bilanz stecken. Solange sie noch Abschreibungen beschließt, und zwar höhere Abschreibungen als wie sie in der ihr vorgelegten Bilanz berücksichtigt worden sind, verteilt sie noch nicht Gewinn im Sinne von § 260 Abs. 1; das kann sie erst, nachdem die Bilanz endgültig (wenn auch von widersprechenden Aktionären eventuell gemäß § 271 Abs. 3 anfechtbar) feststeht, wenn also die Vermögensstücke in der Bilanz ihren Wert zuerkannt erhalten haben, mit anderen Worten, wenn sämtliche Abschreibungen beschlossen worden sind, in welcher Höhe und zu welchem Zwecke sie auch vorgenommen sein mögen. Es ist durchaus falsch, wenn gesagt wird: die Generalversammlung verteilt den Bilanzgewinn, indem sie unter anderem diese und jene Abschreibung beschließt;[1] aus dem Gewinn, der nach § 260 Abs. 1 Gegenstand der Verteilung ist, können keine wie immer auch gearteten und benannten Abschreibungen mehr vorgenommen werden. Dies kann nur geschehen aus dem Reingewinn, der der Bilanz entspringt, die der Generalversammlung zur Genehmigung, d. i. zur endgültigen Feststellung vorgelegt worden ist; über diesen Bilanzgewinn, der der Vorläufer des schließlich von der Generalversammlung festgestellten Bilanzgewinnes ist, kann sie „verfügen", wie es in der Sprache des § 227 Abs. 2 heißt — jede Art der Amortisation der Aktien kann nur aus dem nach der jährlichen Bilanz „verfügbaren Gewinn" erfolgen — nicht „verteilt" sie ihn, indem sie noch Abschreibungen beschließt. Als der verfügbare Gewinn ist in dem eine Maximalvorschrift darstellenden § 227 derselbe gedacht, wie er dem Gesetzgeber beim § 213 vor Augen steht: als der Reingewinn, der einer den gesetzlichen Anforderungen genügenden Bilanz entspringt. Indem die Generalversammlung über diesen Reingewinn verfügt derart, daß sie höhere Abschreibungen vornimmt, als wie sie von der Verwaltung vorgeschlagen waren, gestaltet sie die ihr vorgelegte Bilanz um und genehmigt schließlich die Bilanz so, wie sie sich nach Vornahme

---

[1] So z. B. Rehm, Bilanzen § 138 II B.

sämtlicher Abschreibungen darstellt. Diese Bilanz, deren Reingewinn dann „verteilt“, verwendet werden darf, ist die Jahresbilanz der betreffenden Aktiengesellschaft und ist gemäß § 265 zu veröffentlichen; sie hat durch den Genehmigungsbeschluß der Generalversammlung bleibenden Charakter erlangt, die in ihr festgesetzten, durch Abschreibungen regulierten Werte werden so mit hinüber in das neue Geschäftsjahr übernommen und erhalten sich bis auf weiteres auf derselben Höhe. Demgegenüber haben die von der Verwaltung der Generalversammlung vorgelegte und vorgeschlagene Bilanz und die in ihr steckenden Werte nur eine ganz vorübergehende Bedeutung, es sei denn, sie würde von der Generalversammlung unter Beibehaltung der bereits von der Verwaltung vorgenommenen Abschreibungen glatt genehmigt.

Aus den vorstehenden Ausführungen über Reingewinn und Abschreibungen ergibt sich, daß es unrichtig ist, mit den Bezeichnungen Reingewinn und bilanzmäßiger Reingewinn einen unveränderlich feststehenden Begriff zu verbinden, weil die Bilanz nach verschiedenen Regeln aufgestellt werden kann. Auch der Gesetzgeber denkt bei den Bestimmungen des HGB., in denen der Reingewinn eine Rolle spielt, nicht stets an ein und denselben Reingewinn, sondern je nach dem Inhalt der Paragraphen an verschiedene Arten. Daher ist es willkürlich, den verbleibenden Reingewinn des § 237 als irgend einen Bilanzgewinn anzuschauen und nach ihm die Abschreibungen und Rücklagen begrifflich bestimmen zu wollen, wie dies PEMSEL, MÜLLER und BAUMER tun; denn einmal ist aus dem Inhalt des § 237 allein nichts über das Wesen dieses Reingewinns zu entnehmen, und sodann ist der Reingewinn, wie wir gesehen haben, von den Abschreibungen begrifflich abhängig, nicht diese von ihm.

Des weiteren läßt sich aus den Betrachtungen dieses Kapitels folgern, daß die Abschreibungen, die sämtlich vorgenommen sein müssen ehe sich der Bilanzgewinn der betreffenden Aktiengesellschaft ergibt, offenbar mit den Rücklagen begrifflich nichts zu tun haben und deshalb nicht, wie dies von den drei eben genannten Schriftstellern geschieht, miteinander vermengt werden dürfen. — Der Erörterung über das Verhältnis der Abschreibungen zu den Rücklagen soll das folgende Kapitel gewidmet sein.

§ 4.

Fortsetzung. Verhältnis der Abschreibungen zu den Rücklagen. — Anhang: Der „jährliche Reingewinn“ des § 262 Ziffer I.

Im vorhergehenden Paragraphen habe ich erörtert, daß die im § 261 enthaltenen Vorschriften über den Wertansatz der aktiven Vermögensstücke die Bewertung nur nach oben hin begrenzen wollen; eine Unterbewertung ist zulässig und geschäftspolitisch geboten. Da die Aktivwerte in der Bilanz, über die die Generalversammlung zu beschließen hat, erscheinen müssen, so muß auch jede Unterbewertung in der Bilanz sichtbar werden, mit anderen Worten es müssen die Abschreibungen, die ja das Mittel der Wertherabsetzung und insbesondere auch der Unterbewertung sind, sämtlich vor Feststellung und Genehmigung der Bilanz und des bilanzmäßigen Reingewinns vorgenommen werden.

Wenn die Generalversammlung auf Grund statutarischer Ermächtigung oder ohne eine solche Abschreibungen beschließt, die über das wirtschaftlich notwendige Maß hinausgehen — so daß aktive Vermögensstücke unter ihrem wahren Werte in der Bilanz auftreten — so bildet sie nach dem geschäftlichen Sprachgebrauch „stille“, „versteckte“, „heimliche“ Reserven oder Gewinnreserven. Diese Ausdrücke müssen, weil leicht irreführend, mit Vorsicht aufgenommen werden. Allerdings werden durch die Unterbewertung von aktiven Vermögensstücken in diesen Summen aufgespeichert, die in einer späteren Bilanz durch Einsetzung des wirklichen Wertes wieder gelöst und als Gewinn, als Bilanzgewinn des betreffenden Jahres der Verteilung unter die Aktionäre zugänglich gemacht werden können.[1] Aber diese Summen, und das

---

[1] Eine Kontinuität der Bilanzansätze derart, daß die Aktiengesellschaft an die Bewertungen früherer Jahre gebunden bleibt, ist nicht zu fordern; so Staub-Pinner, Kommentar § 261 Anm. 7; Staub in Holdheims Monatsschrift 2. Jahrg. S. 365; Rehm, Bilanzen § 181; Goldmann, Kommentar § 261 Ziff. 10; Lehmann, Das Recht der Aktiengesellschaften Bd. II S. 308; Bauer, Inventur und Bilanz S. 40; Knappe, Bilanzen S. 67; Fischer, Bilanzwerte 1. Teil S. 76; — A. M. Simon, Bilanzen S. 414; Ring, Kommentar S. 617; Lehmann-Ring, Kommentar § 261 Nr. 14; Fleck in Holdheims Monatsschrift 14. Jahrg. S. 170.

ist zu beachten, werden nicht aus dem Reingewinn genommen, wie er sich ergibt aus der von der Generalversammlung genehmigten Bilanz, sondern aus dem Reingewinn, der entspringt einer die Werte richtig aufführenden Bilanz, die zwar eine wirtschaftliche, bilanzrechtlich aber nur eine vorübergehende Bedeutung hat. Die übermäßige Abschreibung stellt nur wirtschaftlich eine Gewinnreserve dar, buchführungstechnisch und bilanzrechtlich bleibt sie trotz ihres Übermaßes was sie ist: eine Abschreibung.

Die Wertherabsetzung, die Abschreibung an Aktiven tritt in der Regel auf der Aktivseite der Bilanz zutage; dort erscheinen die Aktiven entweder schon zu ihrem herabgesetzten Werte oder aber zu dem Werte der vorjährigen Bilanz mit gesonderter Angabe der durch die diesjährige Generalversammlung beschlossenen Abschreibungen. Die Abschreibung kann aber auch auf der Passivseite in die Erscheinung treten durch Einsetzung besonderer Abschreibungskonten oder, wie sie Simon (Bilanzen S. 130, 138) nennt, Bewertungskonten. Solche Konten sind der Erneuerungsfonds und der Delkrederefonds, die in der Praxis unter den mannigfaltigsten Bezeichnungen vorkommen.[1] Der Erneuerungsfonds ist vom Gesetzgeber in § 261 Ziff. 3 ausdrücklich erwähnt und somit sanktioniert; es dürfen hiernach Anlagen und sonstige dauernd zum Geschäftsbetriebe, nicht zur Weiterveräußerung bestimmte Gegenstände ohne Rücksicht auf einen geringeren Wert zu dem Anschaffungs- oder Herstellungspreis angesetzt werden, sofern ein der Abnutzung gleichkommender Betrag in Abzug gebracht oder ein ihr entsprechender — gemäß § 261 Ziff. 5 unter die Passiva aufzunehmender — Erneuerungsfonds in Ansatz gebracht wird. Nach dem Vorbilde des Erneuerungsfonds hat die Praxis den Delkrederefonds eingeführt, der zwar gesetzlich nicht anerkannt ist, trotzdem aber als zulässig bezeichnet werden muß: durch ihn wird der Wert der auf der Aktivseite zu ihrem Nennbetrage in Ansatz gebrachten Forderungen herabgesetzt.

Trotz ihrer Bezeichnung als Erneuerungs- und Delkrederefonds haben diese Abschreibungskonten mit einem „Fonds" ihrem

[1] Vgl. die Zusammenstellung bei Simon, Bilanzen S. 131 und 139.

Begriffe nach nichts zu tun. Fonds bedeutet eine selbständige, von anderen aktiven Werten unabhängige Vermögensmasse, die buchführungstechnisch ihr eigenes Kapitalkonto hat. Die sogenannten Abschreibungsfonds haben diese Selbständigkeit nicht. Sie sind verknüpft mit aktiven Vermögensgegenständen, die sie — entsprechend ihrem Charakter als Abschreibung — entweder auf ihren wahren wirtschaftlichen Wert bringen oder aber unterbewerten können. Auch wenn der letztere Fall eintritt, auch wenn also die Abschreibungsfonds überreichlich dotiert werden, bleiben sie doch Abschreibungen und verlieren diese Eigenschaft erst dann, wenn sie durch eine größere Zahl repräsentiert werden, als die auf der Aktivseite aufgeführten Vermögensstücke, denen sie die Wage halten sollen; denn dann sind jene nicht nur bis auf den Nullpunkt abgeschrieben, sondern darüber hinaus, und diesem überschießenden Betrag steht kein Aktivum mehr gegenüber, von dem er abgeschrieben sein könnte. Die übermäßige, die aktiven Vermögensstücke eventuell bis auf den Nullpunkt herabmindernde passive Abschreibung hat wirtschaftlich denselben Erfolg wie die übermäßige direkte aktive Abschreibung: wie diese, so bedeutet auch sie eine „stille Reserve“, insofern sie zur Reservierung von Teilen des Gewinns dient, wie er sich aus einer die aktiven Vermögensgegenstände zu ihrem wirklichen Werte aufführenden Bilanz ergibt. Wie bezüglich der aktiven direkten Abschreibungen, so ist es auch mit Bezug auf die passiven, den Abschreibungsfonds, falsch zu sagen: aus dem bilanzmäßigen Reingewinn werden die Abschreibungsfonds dotiert, weil solange weder von einer von der Generalversammlung festgestellten Bilanz, noch auch von einem festgestellten Bilanzgewinn, noch auch von einer Verteilung (Verwendung) eines solchen die Rede sein kann, als noch Abschreibungen vorgenommen, insbesondere Abschreibungsfonds dotiert werden; denn geschieht dies noch seitens der Generalversammlung, dann werden eben dadurch die aktiven Vermögensstücke, die doch in der Bilanz stecken, bewertet bzw. unterbewertet und erst nach dieser Bewertung wird die Bilanz genehmigt, ergibt sich der bilanzmäßige Reingewinn.

Aus dem bisher Gesagten folgt, daß die Abschreibungsfonds, auch die übermäßig dotierten, wirtschaftlich stille Reserven darstellenden, aus mehreren Gründen streng zu sondern sind von den Gewinnreservefonds. Diese sind echte Fonds, sie bilden in sich abgeschlossene Vermögensmassen, die an kein bestimmtes Aktivum gebunden sind, vielmehr den Aktiven in ihrer Gesamtheit gegenüberstehen und die in ihnen steckenden Vermögenswerte vor Verteilung bewahren. Sodann stellen sie sich dar als Ansammlungen von Teilen des Gewinns, der sich aus der von der Generalversammlung genehmigten Bilanz, also nach Vornahme aller wie immer auch gearteten und bemessenen Abschreibungen ergibt. Weiterhin ist der echte Reservefonds ganz anders verwendbar als der Abschreibungsfonds, in dem, wirtschaftlich ausgedrückt, stille Reserven stecken: der Reservefonds kann im Rahmen seiner statutarischen Zweckbestimmung völlig aufgebraucht werden, so daß er in der Bilanz nur noch dem Namen nach erscheint; der Abschreibungsfonds kann aber nur insoweit zur Ausschüttung gelangen, als er nicht notwendig ist zur richtigen Bewertung der auf der Aktivseite zu hoch angesetzten, mit ihm verknüpften Vermögensgegenstände. Ein Abschreibungsfonds wird, wie oben S. 41 bereits bemerkt, erst in dem Moment echter Reservefonds, wenn er die Aktivstücke, deren Wert er bemessen soll, an Größe der Ziffer übersteigt, denn dann hat er sie bis auf den Nullpunkt herabgebracht und der Betrag, der sich darüber hinaus als Differenz der Subtraktion Abschreibungsfonds minus dazugehörige Aktiva ergibt, ist ein freier, an kein bestimmtes Aktivum mehr gebundener Fonds geworden. — Es ist, auch vom praktischen Standpunkte aus betrachtet, recht bedenklich, daß die in der Wissenschaft und Praxis herrschende Meinung sich den Unterschied zwischen Abschreibungsfonds und echtem Reservefonds nicht vor Augen hält, sondern in dem über das wirtschaftlich notwendige Maß hinaus dotierten Abschreibungsfonds einen echten Reservefonds erblickt. Es liegt auf der Hand, daß die Bilanzklarheit leiden muß, wenn in den Abschreibungsfonds zugleich echte Reservefonds, deren Bestimmung mit der Abschreibung nichts gemein hat, versteckt werden, einmal weil derjenige, der die Bilanz liest und mit der Gepflogenheit der betreffenden Aktiengesellschaft nicht vertraut ist, den Abschreibungsfonds nicht ohne weiteres als einen echten Reservefonds erkennen und sich über die Verhältnisse der Gesellschaft kein klares Bild machen kann, und zweitens weil dem Aktionär bei einer Ausschüttung dieser Reserve- alias Abschreibungsfonds die Kontrolle darüber erschwert ist, ob die Verwendung der „Fonds“ nicht etwa über das erlaubte Maß hinausgeht, ob mit anderen Worten dadurch nicht etwa die aktiven Vermögensgegenstände, deren Wert der betreffende Fonds regulieren soll, unrichtig, d. h. zu hoch bewertet werden. Um die Bilanz zu einer klaren zu machen, sollte man in erster Linie es vermeiden, den vom Gesetzgeber schlecht gewählten Ausdruck „Erneuerungsfonds“ für Abschreibungskonten zu gebrauchen, vielmehr ihn durch eine Bezeichnung zu ersetzen, die die Abschreibungsfunktion dieses Passivpostens erkennen läßt; den Namen Erneuerungsfonds verdient nur der echte Fonds, der zwecks Bereithaltung von Mitteln für zukünftige, an Anlagen usw. sich notwendig machende Erneuerungen geschaffen ist.

In den §§ 237 und 245 Abs. 1 werden die Abschreibungen den „Rücklagen“ gegenübergestellt und diese Gegenüberstellung findet sich nochmals im § 271, der von der Anfechtung der Generalversammlungsbeschlüsse mittelst Klage handelt, und zwar im Abs. 3 im zweiten Satz, der folgendermaßen lautet:

> Eine Anfechtung, die darauf gegründet wird, daß durch den Beschluß Abschreibungen oder Rücklagen über das nach dem Gesetz oder nach dem Gesellschaftsvertrage statthafte Maß hinaus angeordnet seien, ist nur zulässig, wenn die Anteile des Aktionärs oder der Aktionäre, welche die Anfechtungsklage erheben, den zwanzigsten Teil des Grundkapitals erreichen.

Wenn man die Bedeutung des Wortes „Rücklage“ ermitteln will, so muß man zunächst darüber sich klar sein, daß „Abschreibung“ und „Rücklage“ nicht dasselbe bedeutet, daß also keine Abschreibung zugleich eine Rücklage und keine Rücklage zugleich eine Abschreibung sein kann. Zu dieser Ansicht könnte man bei einem flüchtigen Überlesen der Bestimmung des § 271 Abs. 1 Satz 2 gelangen, weil der Gesetzgeber hier die beiden Worte durch „oder“ verbindet; in den §§ 237 und 245 Abs. 1 spricht der Gesetzgeber aber von Abschreibungen und Rücklagen, so daß nichts zu der Annahme veranlassen kann, daß diese Begriffe sich irgendwie berühren oder ineinander greifen.

Die Abschreibung ist ein buchführungstechnisch und bilanzrechtlich zu verstehender Begriff, an dem der Gesetzgeber, weil er ihn als gegeben vorfand, nicht hat rütteln können und wollen. Ich habe meine Ansicht über diesen Begriff in diesem und im vorigen Paragraphen entwickelt und bin zu dem Ergebnis gelangt, daß Abschreibung die Maßnahme ist, durch die Aktiva wie niedrig auch immer bewertet werden. Damit scheidet die Möglichkeit aus, daß Rücklage etwa die übermäßige Abschreibung bedeuten kann,[1] daß sie insbesondere eine Bezeichnung für die überreichliche Dotierung eines sogenannten Abschreibungsfonds ist. Denn diese bleibt immer Abschreibung. Die Richtigkeit dieser Behauptung beweist der Inhalt des § 271 Abs. 3 Satz 2: hier redet der Gesetzgeber selbst von „Abschreibungen", die „über das nach dem Gesetz oder nach dem Gesellschaftsvertrage statthafte Maß hinaus" angeordnet worden sind; das sind eben die Abschreibungen, die wirtschaftlich stille „Reserven", nicht aber Rücklagen bedeuten, weil sie neben diesen aufgeführt werden.

Die Beantwortung der Frage, was „Rücklage" sei, hat man sich dadurch sehr leicht gemacht, daß man einfach annimmt, der Gesetzgeber habe mit Rücklage nur das Fremdwort „Reservefonds" verdeutscht; es bedeute nichts anderes als dieses. Das ist die herrschende Meinung.[2] Nun ist ja richtig, daß erst das neue HGB. das Wort Rücklage in seinem Texte gebraucht und die Annahme, daß dieses Wort nur ein Ersatz für das im alten HGB. vorkommende Wort Reservefonds ist, liegt nicht allzu fern. Aber dennoch haftet dieser Unterstellung etwas willkürliches an; der Gesetzgeber gebraucht an einigen Stellen den Ausdruck Rücklage, an anderen das Wort Reservefonds, und nichts spricht für die Identität der beiden Worte.[3] Es bleibt nichts anderes übrig, als zu versuchen, die Bedeutung des Begriffs Rücklage aus dem Gesetz

---

[1] So z. B. Makower, Kommentar § 237 II b 3α; Steiner in Holdheims Monatsschrift 10. Jahrg. S. 219.

[2] Vgl. Staub-Pinner, Kommentar § 237 Anm. 13; Rehm, Bilanzen § 145 II. A 1; Simon, Bilanzen S. 146; Alterthum im Archiv f. bürgerl. Recht Bd. 23 S. 125 sowie die Zitate auf S. 56 Anm. 1 und 2.

[3] Ebenso Stier-Somlo, Der Aufsichtsrat S. 72.

selbst zu ermitteln; sodann wird ein Vergleich mit dem Reservefonds ergeben, ob dieser sich mit Rücklage begrifflich deckt.

Der Ausdruck „Rücklage“ kommt, wie gesagt, außer in den §§ 237 und 245 Abs. 1 noch im § 271 Abs. 3 Satz 2 vor (vgl. die textliche Wiedergabe oben auf S. 43). Hier findet er sich neben der Abschreibung in einer Bestimmung, die die Anfechtung von Generalversammlungsbeschlüssen wegen Gesetzes- oder Statutverletzung mittelst Klage für einen Fall und zwar für den erschwert, daß durch den Beschluß (Abschreibungen oder) Rücklagen über das nach dem Gesetz oder nach dem Gesellschaftsvertrage statthafte Maß hinaus angeordnet worden sind; in diesem Falle soll die Anfechtung nur zulässig sein, wenn die Anteile des Aktionärs oder der Aktionäre, welche die Anfechtungsklage erheben, den zwanzigsten Teil des Grundkapitals erreichen. Weshalb erschwert der Gesetzgeber in diesem einen Fall die Anfechtungsklage? Die Antwort auf diese Frage fällt nicht schwer. Es liegt ein Interessenkonflikt zwischen Gesellschaft und Aktionär vor; auf der einen Seite erhebt der Aktionär Anspruch auf den nach Gesetz und Statut von der Verteilung unter die Aktionäre nicht ausgeschlossenen Reingewinn; auf der anderen Seite beschließt die Gesellschaft, d. h. die Majorität der Aktionäre höhere (Abschreibungen und) Rücklagen, als im Gesetz und im Statut begründet, sei es um die Zukunft des Unternehmens zu sichern, sei es zu anderen der Majorität der Aktionäre als für sich oder der Gesellschaft vorteilhaft erscheinenden Zwecken. Daß der Gesetzgeber den Interessenkonflikt zugunsten der Gesellschaft, der Aktionäre in ihrer Gesamtheit, entscheidet, indem er die nach § 213 an sich berechtigte Anfechtungsklage des einzelnen Aktionärs zwar nicht ausschließt, aber doch erschwert, ist verständlich; denn auch dem mit Hinblick auf sein durch den Majoritätsbeschluß der Aktionäre beschnittenes Dividendenrecht ungehaltenen und widersprechenden Einzelaktionär kommt der mit Hinblick auf die Zukunft des Unternehmens gefaßte Beschluß zustatten, sofern er Aktionär bleibt. So ergibt sich schon aus dem Inhalt des § 271 Abs. 3 Satz 2 ohne weiteres die Grundbedeutung des Wortes Rücklage: es muß zurücklegen, nicht verteilen, im Gesellschaftsvermögen zurückbehalten bedeuten, denn sonst läge ein Widerstreit der Interessen von Gesellschaft und Aktionär gar nicht vor und die vom Gesetzgeber in § 271 Abs. 3 Satz 2 getroffene Bestimmung wäre unverständlich. Im Gesellschaftsvermögen muß der zurückgelegte Betrag, die Rücklage verbleiben, nicht darf sie, das würde ihrem Begriff widersprechen, aus dem Gesellschaftsvermögen hinausgegeben werden, mag auch diese Hinausgabe der Gesellschaft indirekt von Nutzen sein. Über die Dauer des Verbleibens der Rücklage im Gesellschaftsvermögen und über die Form, in der sie dem Gesellschaftsvermögen einverleibt wird, sagt das Gesetz nichts, und weil es nichts hierüber sagt, so verlangt es für den Begriff Rücklage weder eine solche Form noch eine solche Dauer; der Ton in dem Wort Rücklage liegt auf Zurückhalten, von der Verteilung unter die Aktionäre ausschließen; der Zweck dieser Zurückhaltung kann ein sehr verschiedener sein, wie wir in § 3 sehen werden: Die Gewinnrücklage kann in Zukunft entweder allen Aktionären, d. h. jedem einzelnen oder aber der Gesellschaft als solcher nützlich sein. Weil eine bestimmte Form der Bildung der Rücklage nicht vorausgesetzt wird, so ist Rücklage nicht identisch mit Reservefonds; zwar ist jeder Reservefonds eine Rücklage, aber nicht jede Rücklage notwendig ein Reservefonds; das Beispiel einer Rücklage, die kein Reservefonds ist, bietet der Gewinnvortrag (vgl. die Ausführungen auf S. 56ff.). Was die Dauer des Zurückbehaltens des Rücklagebetrages im Gesellschaftsvermögen anlangt, so ist selbstverständlich, daß von einer Rücklage dann nicht zu sprechen ist, wenn der betreffende Betrag nach dem Generalversammlungsbeschluß aus dem Gesellschaftsvermögen alsbald auszuscheiden hat und er nur aus irgendwelchen Gründen noch eine Zeitlang in der Gesellschaftskasse bleibt.[1]

Meine Ausführungen über die Begriffe Abschreibungen und Rücklagen in den §§ 237, 245 Abs. 1 und 271 Abs. 3 und über ihr Verhältnis zueinander und zu dem Reingewinn schließe ich mit einer Zusammenfassung des Ergebnisses. Abschreibung

---

[1] Am nächsten kommen meiner Definition von Rücklage Goldmann, Kommentar § 237 Ziff. 4; Lehmann-Ring § 237 Nr. 4; zu unbestimmt Keyssner-Simon, Handausgabe § 237 Nr. 2; Riesser, Neuerungen S. 25.

bedeutet Wertherabsetzung von aktiven Vermögensgegenständen, und zwar jede, auch die übermäßige, wirtschaftlich, gesetzlich und statutarisch nicht gebotene Wertminderung, also auch die Unterbewertung. Jede Abschreibung ist vorzunehmen vor Feststellung, d. h. Genehmigung der Bilanz, keine Abschreibung kann nach Genehmigung der Bilanz, aus dem durch die Generalversammlung bilanzmäßig festgesetzten Reingewinn beschlossen werden. Die Rücklage dagegen stellt den Betrag dar, der aus diesem festgestellten Bilanzgewinn entnommen und nicht unter die Aktionäre verteilt wird, sondern zu irgend einem den Aktionären im einzelnen oder der Gesellschaft als Gesamtheit der Aktionäre nützlichen Zwecke im Gesellschaftsvermögen verbleibt, ohne daß eine bestimmte Form und eine bestimmte Dauer dieser Zurückbehaltung vorausgesetzt wäre. Keine Rücklage kann vor Genehmigung der Bilanz seitens der Generalversammlung beschlossen werden, jede Rücklage geht vom bilanzmäßig festgestellten Reingewinn. Deshalb ist keine Rücklage eine Abschreibung, keine Abschreibung eine Rücklage. Der nach Vornahme sämtlicher Abschreibungen und Rücklagen verbleibende Reingewinn des § 237 kann nicht ein Reingewinn selbst sein, sondern ist nur ein Reingewinnrest; denn zwar keine der Abschreibungen, so doch jede Rücklage kürzt den Reingewinn, der schließlich aus der von der Generalversammlung genehmigten Bilanz sich ergibt.

Ehe ich zur Besprechung einzelner Rücklagen im nächsten Paragraphen übergehe, habe ich am Schlusse des vorliegenden noch einen Nachtrag einzuschalten. Ich hatte im vorigen Paragraphen verschiedene Arten von Reingewinn besprochen, habe aber hierbei, weil es für meine dortigen Darlegungen überflüssig war, eines Reingewinns nicht Erwähnung getan: des jährlichen Reingewinns des § 262 Ziff. 1, aus dem der gesetzliche Reservefonds zu dotieren ist. Bei der Wichtigkeit dieses Reingewinns glaube ich das Versäumte nachholen zu müssen.

Die angegebene Gesetzesstelle lautet:

„Zur Deckung eines aus der Bilanz sich ergebenden Verlustes ist ein Reservefonds zu bilden. In diesen ist einzustellen:

1. von dem jährlichen Reingewinne mindestens der zwanzigste Teil so lange, als der Reservefonds den zehnten oder

den im Gesellschaftsvertrage bestimmten höheren Teil des Grundkapitals nicht überschreitet."

Über die Bedeutung der Worte „jährlicher Reingewinn" sind die Meinungen sehr geteilt. Die einen[1] verstehen darunter den Gewinn, den die Aktiengesellschaft in einem Geschäftsjahr für sich genommen erzielt hat, d. h. ohne Berücksichtigung des Gewinn- und Verlustvortrags aus dem Vorjahr; sie ziehen also vom Bilanzgewinn den Gewinnvortrag ab, ist aber ein Verlustvortrag vorhanden, so dotieren sie trotzdem den Reservefonds aus dem ganzen diesjährigen Geschäftsgewinn, ohne etwa zuvor den zur Deckung des vorjährigen Verlustes nötigen Betrag in Abzug zu bringen.

Andere[2] verfahren inkonsequent und berücksichtigen zwar einen Verlustvortrag, nicht aber einen Gewinnvortrag aus dem Vorjahr; d. h. sie ziehen bei Festsetzung der Summe des „jährlichen Reingewinns" von dem Bilanzgewinn den Gewinnvortrag aus dem Vorjahr ab, nehmen ihn also nicht mit hinüber in das laufende Bilanzjahr; einen Verlustvortrag aus dem Vorjahr lassen sie dagegen im neuen Bilanzjahr gelten, ziehen also den zu seiner Deckung erforderlichen Betrag von dem Bilanzgewinn ab. Dies Verfahren zeigt deutlich das Bestreben, den „jährlichen Reingewinn", die Basis der Reservefondsdotierung, möglichst niedrig herauszurechnen: in beiden Fällen, mag ein Gewinn- oder mag ein Verlustvortrag aus dem Vorjahr vorliegen, wird der Bilanzgewinn des Jahres um diesen Vortrag verringert.

Eine dritte Gruppe von Juristen[3] erblickt in dem „jährlichen Reingewinn" des § 262 Ziff. 1 den bilanzmäßigen Reingewinn, d. h. den Reingewinn einschließlich des (den Bilanzgewinn er-

---

[1] Makower, Kommentar § 262 Anm. II a 1; Alterthum im Archiv f. bürgerl. Recht Bd. 23 S. 124; Baumer a. a. O. S. 9; wohl auch Pinner, Kommentar § 262 Anm. 6 a; unbestimmt Neukamp in Goldschmidts Zeitschrift Bd. 38 S. 29.

[2] Petersen-Pechmann, Kommentar S. 202; Hergenhahn, Kommentar S. 197; Bauer, Inventur und Bilanz S. 104; Simon, Bilanzen S. 271 ff.; Knappe, Bilanzen S. 79; unbestimmt Goldmann, Kommentar § 262 Ziff. 10.

[3] Staub-Pinner, Kommentar § 262 Anm. 9; Lehmann-Ring, Kommentar § 262 Nr. 3; Ring, Kommentar S. 625.

höhenden) Gewinnvortrags aus dem Vorjahr, und einschließlich des (den Bilanzgewinn verringernden) Verlustvortrags aus dem Vorjahr.

Diese letzte Meinung halte ich für die richtige. Wenn das HGB. von Reingewinn spricht, so meint es stets einen Reingewinn, der sich aus einer sowohl den Gewinnvortrag wie auch den etwaigen Verlustvortrag aus dem Vorjahr berücksichtigenden Jahresbilanz ergibt. Hätte der Gesetzgeber von dieser Regel bei der überaus wichtigen Bestimmung des § 262 Ziff. 1 eine Ausnahme machen wollen, so hätte er dies sicher unzweideutig zum Ausdruck gebracht. Zuzugeben ist, daß die Ausdrucksweise „jährlicher Reingewinn" eine schlechte und irreführende ist; aber sie erklärt sich genau so wie die Einfügung des Wortes „Jahresgewinn" in den § 214: auch hier ist dem Gesetzgeber ein Redaktionsfehler unterlaufen. Dies beweist ein Blick auf die Entstehungsgeschichte des § 262.

Die Bildung eines Reservefonds zur Deckung eines aus der Bilanz sich ergebenden Verlustes wurde den Aktiengesellschaften und den Kommanditgesellschaften auf Aktien durch das Aktiengesetz vom 18. Juli 1884 zur Pflicht gemacht. (Art. 239 c und 185 b). Der Entwurf zu diesem Gesetze spricht sich auf S. 264[1] über die Notwendigkeit eines solchen Reservefonds aus und fährt dann wörtlich fort: „Eine Reihe ausländischer Gesetze und Entwürfe trägt diesem Gesichtspunkt Rechnung und schreibt die Anlegung eines Reservefonds für die Aktiengesellschaften vor." Hierzu gibt der Entwurf eine Anm. 2: „Bereits das französische Gesetz vom 23. Mai 1863 ordnet für die Gesellschaften mit beschränkter Haftung die Anlegung eines solchen Reservefonds durch Verwendung von 5 Prozent des jährlichen Reingewinns an, bis letzterer die Höhe von einem Zehntel des Grundkapitals erreicht hat. Das Gesetz vom 24. Juli 1867 Art. 36 hat diese Bestimmung wiederholt. Eine gleiche Vorschrift enthält das belgische Gesetz vom 18. Mai 1873 Art. 62". — S. 265. „Die gleiche Anordnung ist in Preußen bezüglich der Eisenbahnunternehmungen getroffen (usw.). Diesen Vorgängen ist der Entwurf (Art. 239c,

[1] In der Ausgabe von Carl Heymann, Berlin 1883.

185b) gefolgt, indem er die im HGB. Art. 239a Ziff. 3 nur fakultativ zugelassene Aufsparung eines Reservefonds für alle Aktiengesellschaften obligatorisch macht."

Man wird nicht fehlgehen in der Annahme, daß der uns hier interessierende Teil des Art. 185 b, § 262 eine Nachbildung des Art. 36 des französischen Gesetzes vom 24. Juli 1867 ist.[1] Hören wir nun, wie dieser Art. 36 lautet:

Il est fait annuellement, sur les bénéfices nets, un prelèvement d'un vingtième au moins, affecté à la formation d'un fonds de réserve.

Nimmt man einerseits an, daß Art. 185 b Ziff. 1 des Aktiengesetzes vom 18. Juli 1884 beziehentlich § 262 Ziff. 1 des neuen HGB. dasselbe sagen will, wie Art. 36 des französischen Gesetzes, so lehrt andererseits schon ein Blick auf die Bestimmungen der Gesetze, daß der Ausdruck desselben Gedankens ein ganz verschiedener ist. Das französische Gesetz bringt die Zeitbestimmung jährlich adverbial neben „les bénéfices nets", das HGB. aber adjektivisch in Verbindung mit dem Substantiv Reingewinn; die Folge dieser adjektivischen Ausdrucksweise ist, daß der Sinn der ganzen Vorschrift ein verworrener, ungenauer wird. Der deutsche Gesetzgeber hätte, wenn er sich durchaus an den französischen Gesetzestext anschließen und die sonst von ihm gebrauchten Worte „jährliche Bilanz" bei der Bestimmung des Reingewinns in § 262 Ziff. 1 weglassen wollte, anordnen sollen, daß in den Reservefonds einzustellen sei „von dem Reingewinn jährlich mindestens der zwanzigste Teil usw." Zwar wäre diese Redeweise ebenfalls eine schlechte gewesen, aber sie hätte doch erkennen lassen, daß unter Reingewinn derjenige verstanden werden soll, von dem in anderen Paragraphen stets die Rede ist: d. i. der bilanzmäßige Reingewinn. Man kann sich wundern, daß die unklare Bestimmung des Art. 185 b Ziff. 1 des Gesetzes vom 18. Juli 1884 im neuen HGB. in § 262 Ziff. 1 Aufnahme gefunden hat. Wie dem aber auch sein mag: mit Rücksicht auf die Entstehungsgeschichte dieser Gesetzesbestimmung sollte man nicht daran zweifeln, daß der j ä h r l i c h e Reingewinn derjenige

[1] Vgl. hierzu Neukamp in Goldschmidts Zeitschrift Bd. 38 S. 83.

ist, der sich aus der Jahresbilanz ergibt, der also aus der Vergleichung sämtlicher Aktiva und Passiva — wozu auch der Verlustvortrag und der Gewinnvortrag aus dem Vorjahr gehören — resultiert und am Schlusse der Bilanz gemäß § 261 Ziff. 6 besonders angegeben werden muß.

Da ich die Ansicht vertrete, daß dieser Reingewinn sich erst ergibt nach Vornahme sämtlicher Abschreibungen, so behaupte ich konsequenterweise, daß auch die Dotierung des gesetzlichen Reservefonds — wie die jedes anderen und jeder Rücklage — aus diesem Bilanzgewinn zu erfolgen hat, nicht schon aus dem Reingewinn, der sich aus einer die Aktiva richtig, zu ihrem wahren Werte aufführenden Bilanz ergibt. Indem die Generalversammlung übermäßige Abschreibungen beschließt, wirtschaftlich gesprochen also „stille Reserven" legt, läßt sie weniger Bilanzgewinn entstehen und umgeht damit legal die Notwendigkeit, viel Werte in dem gesetzlichen Reservefonds festzulegen.

Die alte Streitfrage, ob der Reingewinn vor Berechnung des zum gesetzlichen Reservefonds abzuführenden Bruchteils um die Tantieme des Vorstandes und des Aufsichtsrates zu kürzen ist oder nicht, beantworte ich im verneinenden Sinne.[1] Wenn auch die Tantiemen als Verwaltungsunkosten bezeichnet werden können, so darf doch nicht übersehen werden, daß es derselbe Reingewinn ist, der sowohl für die Dotierung des gesetzlichen Reservefonds wie auch für die Gewährung der Tantiemen die rechnerische Grundlage bildet, nur mit dem Unterschied, daß nach der ausdrücklichen Bestimmung der §§ 237 und 245 Abs. 1 bei der Tantiemenberechnung der Reingewinn um sämtliche Rücklagen beziehentlich außerdem um einen Betrag von 4 % des eingezahlten Grundkapitals noch zu vermindern ist.

[1] Ebenso Staub-Pinner, Kommentar § 262 Anm. 1; Pinner § 262 Anm. III 6a; Goldmann § 262 Ziff. 11; Lehmann-Ring, Kommentar § 262 Nr. 3; v. Völderndorff, Kommentar S. 407; Simon, Bilanzen S. 272; Lehmann, Das Recht der Aktiengesellschaften Bd. II S. 296 Anm. 4; Knappe, Bilanzen S. 79; Bauer, Inventur und Bilanz S. 104; Alterthum im Archiv f. bürgerl. Recht Bd. 23 S. 128; — a. M. Ring, Kommentar S. 625, Neukamp in Goldschmidts Zeitschrift Bd. 38 S. 16 und 29; Tscharmann, Der Aufsichtsrat S. 30.

§ 5.

Einzelne Rücklagen.

Das Gesetz verlangt in §§ 237 und 245 Abs. 1, daß sämtliche Abschreibungen und Rücklagen bei der Berechnung der Tantiemen für Vorstand und Aufsichtsrat außer Ansatz zu bleiben haben, so daß es unzulässig ist, innerhalb dieser Begriffe irgendwelche Unterschiede zu machen. Was nach § 271 Abs. 3 Abschreibung oder Rücklage ist, das ist dasselbe auch nach §§ 237 und 245 Abs. 1. Diesen Satz lassen nicht alle Schriftsteller gelten und sie stützen sich dabei auf die Begründung des Antrags zu § 237, die oben S. 7 ff. abgedruckt ist. Da im letzten Absatz dieser Begründung bemerkt wird, daß, soweit Vorstandsmitglieder durch die Abzüge der Rücklagen vom Reingewinn in einem Jahr geschädigt wurden, sie im Falle ihres Bleibens im Amte den Ausgleich fänden „durch die spätere Einstellung solcher Rücklagefonds in die Aktiva", hat man folgern zu können geglaubt, daß nur die Rücklagen tantiemefrei zu bleiben hätten, die später wieder in die Aktiven eingestellt werden können[1], und daß nur diejenigen Rückstellungen aus dem Reingewinn Rücklagen im Sinne von §§ 237 und 245 Abs. 1 seien, denen Fondseigenschaft beiwohnt. Mit Recht hat man aber in der Literatur auf die Dürftigkeit und die schlechte Fassung der Begründung hingewiesen und sie zumeist als Interpretationsquelle nicht anerkannt. Von ihr gilt buchstäblich das, was Dernburg in seinen Pandekten[2] über Motive und insbesondere über Begründungen von Gesetzen gesagt hat: sie führten leicht in die Irre, da sie nicht selten einseitig und lückenhaft seien; die Äußerungen z. B. von Kommissionsmitgliedern verfolgten unter Umständen den unmittelbaren praktischen Zweck, das Gesetz zur Annahme oder zu Fall zu bringen und enthielten einseitige Darstellungen. Mir will scheinen, daß nach dem Kommissionsbericht zum HGB. der Antragsteller bei der Begründung seines Antrags zum § 237 auch nur einseitig das hervorgehoben hat, was seinem Antrag günstig war; er hat

[1] So z. B. Riesenfeld, Einfluß S. 100.

[2] Bd. 1 S. 75 Anm. 6.

ausdrücklich nur die Rücklagen erwähnt, die in späteren Jahren durch Ausschüttung wieder unter die Aktiva der Bilanz gelangen und dadurch den tantiemepflichtigen Reingewinn des betreffenden Jahres erhöhen können. Auch hat der Antragsteller unter Rücklagen wohl nur aus dem Reingewinn gebildete Fonds verstanden, da er sich des Wortes Rücklagefonds bedient. Trotzdem sind die §§ 237 und 245 Abs. 1 so zu betrachten, wie sie eben Gesetz geworden sind und sie müssen ausgelegt werden unabhängig von den Ansichten des Antragstellers. Aus der Fassung der Paragraphen geht nicht hervor, daß nur gewisse Arten von Rücklagen unter diesen Begriff in den erwähnten Gesetzesstellen fallen.

So kann man z. B. den Beträgen, die jährlich zu einem Dividendenergänzungsfonds zurückgelegt werden, den Rücklagencharakter nicht absprechen; sie kommen in dem Jahre ihrer Rückstellung nicht zur Verteilung unter die Aktionäre, werden vielmehr aufgespart und bleiben im Vermögen der Gesellschaft; damit erfüllen sie alle Bedingungen des Rücklagenbegriffs. Nicht aber können Teile des Dividendenergänzungsfonds ohne durch Statutenänderung herbeigeführte Änderung der Zweckbestimmung des Fonds jemals wieder unter den Aktiven einer Bilanz erscheinen; die aus dem Fonds genommenen Summen werden vielmehr zwecks statutenmäßiger Erhöhung niedriger Dividenden direkt an die Aktionäre abgeführt und von dem Fonds abgeschrieben. Die Ausschüttung des Dividendenergänzungsfonds kommt also nur den Aktionären, nicht aber den tantiemeberechtigten Beamten und Organen der Gesellschaften zugute.

Ebenso ist ein zur Amortisation von Aktien bestimmter Reservefonds, der sog. Amortisationsfonds zu den Rücklagen der §§ 237 und 245 Abs. 1 zu rechnen. Das Oberlandesgericht Dresden hat in einer Entscheidung vom 9. Januar 1900[1] einem solchen Fonds den Rücklagencharakter abgesprochen mit der auf den Kommissionsbericht zu § 237 gestützten Begründung, daß unter Rücklagen nur diejenigen Teile des Reingewinnes zu verstehen seien, die zu dem Zwecke von der Verteilung an die

[1] Abgedruckt in den Annalen des OLG. Dresden Bd. 21 S. 328 und in Holdheims Zeitschrift 9. Jahrg. S. 282.

Aktionäre ausgeschlossen und im Gesellschaftsvermögen zurückbehalten würden, um die Gesellschaft in ihren wirtschaftlichen Grundlagen zu kräftigen und in schlechten Zeiten zur Ausgleichung einer ungünstigen Bilanz, insbesondere zur Beseitigung einer Unterbilanz zu dienen. Dies träfe bei dem Amortisationsfonds nicht zu. Er sei nicht zur dauernden Verstärkung des Gesellschaftsvermögens bestimmt, seine bestimmungsgemäße Verwendung bestehe vielmehr in der Verteilung unter die Aktionäre und zwar in der Form der Rückzahlung des Nennwertes einzelner durch das Los bestimmter Aktien. Auch könne der Fonds mit Rücksicht auf seinen statutarischen Zweck nicht zur Ausgleichung einer ungünstigen Bilanz verwendet werden und so erfülle er die weitere Voraussetzung nicht, die laut Kommissionsbericht für den Rücklagenbegriff gefordert werden müsse. — Dieser Entscheidung kann ich nicht beistimmen. Aus dem Inhalte des für die Bestimmung des Rücklagenbegriffs maßgebenden § 271 Abs. 3 geht keineswegs hervor, daß die Zurückbehaltung von Teilen des Reingewinns von einer gewissen längeren Dauer sein müßte; der Ton im Worte Rücklage liegt auf Zurückhalten von der Verteilung und es ist nur vorausgesetzt, daß die zurückbehaltenen Beträge im Vermögen der Gesellschaft, zu deren Verfügung verbleiben, wenn auch schon mit der Zweckbestimmung, daß sie nach Ablauf einer bestimmten Zeit oder nach Erreichung einer bestimmten Fondshöhe zur anderweiten Verwendung aus dem Vermögen der Gesellschaft ausscheiden sollen. Die Beträge werden gerade dadurch, daß sie zusammen bis auf eine gewisse Höhe gebracht werden, in Reserve gestellt; der Aktienamortisationsfonds ist ein echter Reservefonds und damit auch eine Rücklage im Sinne von §§ 237, 245 Abs. 1 und 271 Abs. 3. Würde ein Aktionär gegen eine statutenwidrige Dotierung eines solchen Fonds Widerspruch erheben und sie mittels Klage anfechten wollen, so würde diese Klage gemäß § 271 Abs. 3 nur zulässig sein, wenn die Anteile des Aktionärs den zwanzigsten Teil des Grundkapitals erreichen. Dies ist nur zu billigen: denn, wie schon auf Seite 45ff. des näheren ausgeführt, der Konflikt der Interessen des einzelnen Aktionärs mit denen der Gesellschaft bzw. der Majorität der Aktionäre muß zu Ungunsten des einzelnen gelöst werden; die

Schaffung eines Aktienamortisationsfonds nützt nicht nur den Aktionären in ihrer Majorität, sondern auch der Gesellschaft als solcher.

Häufig findet man weiter die Ansicht vertreten, daß die sog. Pensions- und Unterstützungsfonds, überhaupt solche Reservefonds, die Wohlfahrtszwecken gewidmet und aus dem Reingewinn dotiert werden, nicht zu den Rücklagen im Sinne von §§ 237, 245 Abs. 1 und 271 Abs. 3 zu rechnen seien; sie scheiden, so führt man an, wenn auch nicht juristisch so doch immer faktisch aus dem Vermögen der Gesellschaft aus und diese könne in mageren Jahren nicht wieder auf sie zurückgreifen[1]. — In dieser Allgemeinheit sind die Unterstützungsfonds nicht aus dem Kreis der Rücklagen auszuschließen. Werden sie in der Form gebildet, daß sie rechtlich aus dem Vermögen der Gesellschaft ausscheiden und die Unterstützungsberechtigten im Falle einer Auflösung der Gesellschaft trotzdem noch ein Recht auf Unterstützung aus den Fonds und auf diese selbst behalten, so ist ohne weiteres zuzugeben, daß dergleichen Unterstützungsfonds nicht zu den Rücklagen im Sinne der angegebenen Gesetzesparagraphen gehören. Scheiden sie aber nur faktisch aus dem Gesellschaftsvermögen aus derart, daß den Unterstützungsberechtigten eine selbständige Verwaltungsbefugnis und damit eine gewisse Verfügungsmacht über die Fonds eingeräumt wird, so kann dieser Umstand nicht genügen, an ihrem Rücklagencharakter etwas zu ändern. Entscheidend für die Einreihung eines Unterstützungsfonds unter die Rücklagen ist die Antwort auf die Frage, ob der Fonds bei einer Auflösung der Gesellschaft zu deren Vermögensmasse zuzurechnen ist oder nicht; muß die Frage bejaht werden, so ist der betreffende Fonds eine Rücklage, andernfalls nicht.. Es ist übrigens gleichgültig, ob der Fonds zur Unterstützung von Arbeitern oder Beamten der Gesellschaft und der Angehörigen dieser Personen bestimmt ist oder ob er allgemeinere Zwecke zu erfüllen hat. Auch in dem zweiten Falle liegt eine Rücklage und zwar ein echter Reservefonds vor, in dem Mittel

[1] So z. B. Esser, Kommentar § 237 Nr. 4; Riesenfeld, Einfluß S. 100; Bauer, Inventur und Bilanz S. 195 und Bauers Zeitschrift Jahrg. X S. 99.

eingestellt werden, die später einmal zur Erfüllung von Anstands- und Repräsentationspflichten der Gesellschaft ihre Verwendung finden sollen.

Am weitesten gehen in Wissenschaft und Praxis die Meinungen hinsichtlich der Tantiemepflicht des sog. Gewinnvortrags auseinander. Gewinnvortrag nennt man den Teil des Reingewinns, der nicht unter die Aktionäre verteilt, sondern auf neue Rechnung, auf die Gewinn- und Verlustrechnung des neuen Geschäftsjahres vorgetragen wird. Die einen[1] betrachten ihn als wirklichen Reservefonds und rechnen ihn als solchen zu den Rücklagen der §§ 237 und 245 Abs. 1, so daß er in dem Jahre, in dem er sich ergibt und an dessen Schluß er vorgetragen wird, bei der Berechnung der Tantiemen außer Ansatz bleibt, in dem Jahre, in das er vorgetragen worden ist, aber tantiemepflichtig wird, da er in der Gewinn- und Verlustrechnung dieses neuen Jahres als erster Gewinnposten fungiert und die Ziffer des Bilanzgewinnes dieses Jahres mit bilden hilft.

Eine zweite Meinung[2] identifiziert wie die erste das Wort Rücklage mit Reservefonds, spricht aber dem Gewinnvortrag die Reservefondseigenschaft ab und gewährt daher den tantiemeberechtigten Vorständen und Aufsichtsräten an ihm ihre Tantiemen. Während nun aber die Vertreter dieser Ansicht fast alle den Gewinnvortrag in dem neuen Geschäftsjahr, in das er vorgetragen worden ist, tantiemefrei lassen mit der Begründung, daß die Tantiemeberechtigten in diesem Jahre an seiner Erzielung nicht mitgewirkt und nur Anspruch auf einen Anteil am Gewinne

---

[1] Staub-Pinner, Kommentar § 237 Anm. 15; Makower Kommentar § 237 II b 3 δ (unbestimmt); Simon, Bilanzen S. 248; Preische, Gewinnvortrag und Tantiemeberechnung S. 17 ff.; Alterthum im Archiv f. bürgerl. Recht Bd. 23 S. 127 ff.; Sames in Holdheims Monatsschrift 14. Jahrg. S. 205 ff.; Urteil des RG. vom 20. März 1905 in Jur. Wochenschrift Jahrg. 1905 S. 345.

[2] Baumer a. a. O. S. 20 ff. und 7 ff.; Esser, Kommentar § 237 Nr. 2 und ders. in Kölnische Zeitung Nr. 83 v. 24. Januar 1908 (hierzu meine Entgegnung in Nr. 136 v. 7. Februar 1908); ferner Riesenfeld, Einfluß S. 101; Steiner in Holdheims Zeitschrift 10. Jahrg. S. 218; LG. Mainz in Holdheims Zeitschrift 14. Jahrg. S. 207; Fuld in d. Zeitschrift f. d. gesamte Aktienwesen v. Harder u. Ichenhäuser 12. Jahrg. S. 3 ff..

des Jahres haben, erachtet es Rehm[1] mangels anderweiter Parteienabreden gemäß §§ 237 und 245 Abs. 1 für unbedenklich, daß Vorstand und Aufsichtsrat auch in dem neuen Geschäftsjahr von dem Gewinnvortrage aus dem Vorjahr ihre Tantieme beziehen; insoweit schließt sich Rehm also der Ansicht der erstgenannten Schriftsteller an, nämlich daß der Gewinnvortrag in dem neuen Geschäftsjahr als Teil des Bilanzgewinns tantiemepflichtig ist. Die Tantiemeberechtigten erhalten also, wenn sie im Amte bleiben von demselben Gewinnvortrag ihre Tantiemen zweimal.

Nach meiner Ansicht ist der Gewinnvortrag zwar nicht als Reservefonds so doch als Rücklage im Sinne von §§ 237 und 245 Abs. 1 in Verbindung mit § 271 Abs. 3 tantiemefrei[2]. Er ist kein Reservefonds und hat nur das mit diesem gemein, daß auch er unverteilten Gewinn repräsentiert und zwar ebenfalls in einer gewissen Abgeschlossenheit; auch er stellt eine Gewinnansammlung dar. Was ihn vom Reservefonds unterscheidet, ist, daß er nur ein vorübergehendes Dasein hat, daß ihm kein besonderes Kapitalkonto eingeräumt wird und daß er mit seiner Einstellung in die Gewinn- und Verlustrechnung als erster Gewinnposten seinen Charakter als ein Gewinn behält, der infolge von Verlusten in dem neuen Geschäftsjahr spurlos verschwinden muß. Das ist ganz anders beim Reservefonds: mit dem Augenblick, in dem der betreffende Teil des Reingewinns dem Reservefonds einverleibt wird, verliert dieser Gewinnteil diese Eigenschaft als Gewinn und vereint sich mit dem schon vorhandenen Fondsbeträgen zu einem Ganzen mit besonderer Zweckbestimmung. Diese jeweilige Bestimmung bringt es mit sich, daß der Reservefonds immer von einer gewissen Dauer ist; sein Charakter als „Fonds“ wird geachtet, auch wenn er infolge von Entnahmen bis auf den Nullpunkt abgeschrieben werden muß: trotzdem verschwindet er nicht, ähnlich wie der Gewinnvortrag, spurlos von der Bildfläche, sondern erscheint unter seiner Benennung noch in der Bilanz, die auf seine Vernichtung folgt. Diese Beachtung, die jeder Reservefonds genießt, setzt buchführungstechnisch voraus,

[1] Bilanzen § 160 III A 3 und 4.

[2] Ebenso Lehmann-Ring, Kommentar § 237 Nr. 4; Goldmann, Kommentar § 237 Ziff. 4 und 5, sowie Keyssner, vgl. nächste Seite.

daß ihm ein Kapitalkonto eröffnet wird; von diesem wird er als selbständiger Passivposten in die Bilanz übertragen. Der Gewinnvortrag hat in der Bilanz des neuen Geschäftsjahres als selbständiger Posten eigentlich gar keine Existenzberechtigung; überwiegen in dem neuen Geschäftsjahr die Verluste, so verschwindet er, ohne daß er, wie ein Reservefonds, unter seiner Bezeichnung und abgeschrieben bis auf Null in der nächsten Bilanz nochmals aufgeführt werden müßte. Überwiegt aber der Gewinn in dem neuen Geschäftsjahr, so wird der aus dem Vorjahr vorgetragene Gewinn zusammen mit dem im laufenden Jahr erzielten Gewinn von der Gewinn- und Verlustrechnung in die Jahresschlußbilanz als ein Ausgleichsposten übertragen. Der Gewinnvortrag hat Selbständigkeit also nur in der Gewinn- und Verlustrechnung des neuen Geschäftsjahres, nicht aber in dessen Schlußbilanz. Wenn er dort in der Praxis dennoch als selbständiger Passivposten, von dem Gewinn des laufenden Jahres gesondert, aufgeführt wird, so geschieht dies nur deshalb, um den Aktionären das Ergebnis des laufenden Jahres für sich genommen auch in der Bilanz vor Augen zu führen. Buchführungstechnisch und bilanzrechtlich notwendig ist diese Scheidung des Gewinnausgleichpostens in Gewinnvortrag aus dem Vorjahr und Gewinn des laufenden Geschäftsjahres nicht.

Die angeführten Merkmale unterscheiden den Gewinnvortrag von dem Reservefonds, nehmen ihm aber nicht den Charakter einer Rücklage, denn er stellt sich dar als ein zurückgehaltener Teil des Reingewinns, der nicht unter die Aktionäre verteilt wird, sondern im Vermögen der Gesellschaft zu deren Verfügung verbleibt; dies genügt, um den Gewinnvortrag zu einer Rücklage zu machen. KEYSSNER bemerkt in GOLDSCHMIDTS Zeitschrift für das gesamte Handelsrecht[1] mit Hinblick auf den Unterschied zwischen Gewinnvortrag und Reservefonds treffend, daß der Begriff Rücklage weit über den bisherigen Begriff Reservefonds hinausgehe und daß mit dem deutschen Wort „Rücklage" einem kernigeren Inhalte näher getreten sei, als er in den Fremdwörtern Fonds, Konto zu finden sei.

---

[1] Bd. 48 S. 519 ff.: Vom Aufsichtsrat und dessen Vergütung.

Wenn ich im bisherigen Verlaufe meiner Darstellung von der Eigenschaft des Gewinnvortrags als Rücklage gesprochen und ihn deshalb als tantiemefrei bezeichnet habe, so geschah dies, um durch Unterscheidungen innerhalb des Begriffs Gewinnvortrag keine Komplikationen zu schaffen. Damit will ich sagen, daß unter „Gewinnvortrag" verschiedenes verstanden werden kann und daß die Umschreibung des Gewinnvortrags schlechthin als Rücklage eine Einschränkung erfahren muß.

Man bezeichnet nämlich in der Praxis mit Gewinnvortrag sowohl den Gewinnrest, der sich dadurch ergibt, daß die Zahl der Aktien als Divisor in der Summe des unter die Aktionäre zu verteilenden Reingewinns als Dividenden nicht restlos aufgeht — als auch den Betrag, der, größer als dieser Rest, von der Generalversammlung ausdrücklich zum Vortrag auf das nächste Jahr bestimmt wird. Der erstgenannte Gewinnrest wird unvermeidbar sein und es wäre ein eigenartiger Zufall, wenn die Division ohne Rest aufginge. An sich haben ja die Aktionäre gemäß § 213 Anspruch auf den ganzen durch die Bilanz festgestellten verteilbaren Reingewinn; aber die Durchsetzung dieses Anspruchs scheitert an der Unmöglichkeit, den ganzen verteilbaren Reingewinn in ganzen Prozenten oder doch wenigstens in nicht zu kleinen Bruchteilen von Prozenten aufzuteilen; eine Dividende von z. B. $7\,{}^{3}/_{25}\,\%$ wäre in der Praxis undenkbar. Es hat sich in dieser Hinsicht ein Handelsbrauch gebildet,[1] nach dem niedrigere Bruchteile als Viertelprozente nicht unter die Aktionäre als Dividende verteilt werden. Auch wenn also das Statut die Abrundung der Dividende auf einen bestimmten Bruchteil nicht ausdrücklich erlaubt, so ist die Generalversammlung trotz des etwaigen Widerspruchs eines Aktionärs auf Grund des Handelsbrauchs ermächtigt, die Dividende abzurunden und den sich ergebenden Rest, der ja nach der Größe des Grundkapitals größer oder kleiner sein wird,

---

[1] Rehm, Bilanzen § 162 I B d nimmt an, daß regelmäßig kleinere Bruchteile als halbe Prozente nicht verteilt werden. Ein Blick auf den Tageskurszettel der Berliner und Leipziger Börse lehrt aber, das Dividenden in Dritttel- und Viertelbrüchen nicht selten sind; kleinere Brüche kommen allerdings kaum vor, nur die Leipziger Baubank hat 1907 als Dividende $5\,{}^{5}/_{6}\,\%$ verteilt.

„auf neue Rechnung vorzutragen". Dieser Vortrag ist zwar ein „Gewinnvortrag", aber trotzdem keine „Rücklage" im Sinne von §§ 237, 245 Abs. 1 und 271 Abs. 3. Was einen auf neue Rechnung vorgetragenen Teilbetrag des Reingewinns zur Rücklage macht, ist der im Beschluß der Generalversammlung sich äußernde Wille der Aktionäre, einen Teil des Reingewinns nicht zu verteilen, vielmehr für das nächste Jahr zu reservieren; die Bildung des Reingewinnrestes vollzieht sich dagegen rein rechnerisch, ohne den Willen der Aktionäre, welche auf seine Aufteilung eigentlich Anspruch erheben könnten, wenn eben nicht der erwähnte Handelsbrauch entgegenstände. Darin, daß die Aktionäre diesen Rest auf neue Rechnung vortragen, hat man also nicht etwa die Ausführung eines auf Gewinnreservierung ausdrücklich gerichteten Beschlusses zu erblicken, sondern lediglich eine zur Unterbringung des Restes sich nötig machende Maßnahme.

Der Wille der Aktionäre auf Bildung eines — als absichtliche Gewinnreservierung sich darstellenden — Gewinnvortrags kann sich in verschiedener Weise betätigen. Entweder die Aktionäre bestimmen vor der Berechnung der Tantiemen und der Dividende einen runden Betrag zum Vortrag auf neue Rechnung, berechnen dann, indem sie diesen Betrag vom Reingewinn in Abzug bringen, die Tantiemen, teilen dann den bleibenden Reingewinnbetrag in ganzen Prozenten und dem üblichen Bruchteil von ganzen Prozenten unter sich auf und tragen schließlich den bei der Dividendenberechnung sich ergebenden Rest zusammen mit dem vorher zum Gewinnvortrag bestimmten Betrag in einer Summe auf neue Rechnung vor. Oder aber der Gedanke, einen Teil des Reingewinns für das nächste Jahr zu reservieren, kommt den Aktionären erst nach der Berechnung der Tantiemen und nachdem ihnen der um sämtliche Rücklagen gekürzte Reingewinn zur Verteilung unter sich ausgeliefert worden ist. Entweder bestimmen sie dann, wie im ersten Falle, einen runden Betrag zum Gewinnvortrag, oder aber sie beschließen statt der Verteilung einer z. B. $8^1/_2$ prozentigen Dividende, die an sich verteilt werden könnte, eine solche von nur 7 % und tragen die Differenz auf neue Rechnung vor. Sowohl der runde Betrag als auch die Differenz der Prozente stellt sich dar als eine Rücklage, von der vorher die Tantiemen des Vorstandes und Aufsichtsrates zu Unrecht berechnet worden sind. Es hat demnach eine Umrechnung zu erfolgen, die Tantiemen müssen anders berechnet werden und zwar unter Kürzung des Reingewinns noch um den zum Vortrag bestimmten Betrag. Dabei muß aber daran gedacht werden, daß der Reingewinn, der den Aktionären zwecks Verteilung unter sich zur Verfügung gestanden hatte, bereits um den Betrag gekürzt gewesen ist, der zu Unrecht als Tantieme herausgerechnet war; wären die Tantiemen von vornherein richtig berechnet worden — was eben nicht möglich war, da die Aktionäre den Gewinnvortrag noch nicht beschlossen hatten — so hätten die Aktionäre über einen höheren Reingewinnbetrag zu verfügen gehabt. Infolgedessen kann es vorkommen, daß nach der Umrechnung der nach Auswerfung der Dividende und nach Absetzung des vorher von den Aktionären zum Vortrag bestimmten Betrages sich ergebende Reingewinnrest eigentlich gar kein solcher mehr ist, da er infolge des Hinzukommens des zu hoch berechneten, nunmehr freigewordenen Tantiemenbetrages sich vergrößert und zwar unter Umständen derart vergrößert hat, daß aus ihm recht gut noch ein brauchbarer Bruchteil eines ganzen Prozentes berechnet werden und der vorher berechneten Dividende zugeschlagen werden könnte. Verzichten die Aktionäre dann trotzdem auf die Verteilung dieses Bruchteils, belassen sie es also bei dem von ihnen vorher bestimmten Prozentsatz und schlagen sie den Rest, so wie er sich nach der Umrechnung gestaltet hat, zu dem vorher als Gewinnvortrag = Rücklage bestimmten Betrag, so stellt sich freilich auch dieser vermehrte Rest, insoweit er noch in brauchbaren Bruchteilen von einem Prozent als Dividende hätte verteilt werden können, als eine Rücklage dar, von dem Vorstand und Aufsichtsrat zu Unrecht ihre Tantiemen erhalten haben. Streng genommen müßte nun nochmals eine die Tantiemen richtig stellende Umrechnung zu erfolgen haben; um dies zu vermeiden werden die Gesellschaften schon bei der ersten Umrechnung die dadurch bewirkte Vergrößerung des Gewinnrestes möglichst in Berücksichtigung ziehen müssen, andererseits aber sich mit überschlagenden Berechnungsweisen helfen dürfen. Kein Aktionär und kein Richter wird sich darum kümmern, ob die Tantiemen auf die Mark genau berechnet worden sind, wenn die Berechnung nur im Prinzip richtig ist. Minima non curat praetor! Die Unterscheidung zwischen Gewinnvortrag im Sinne von Rücklage und Gewinnrest, welch letzterer ja in dem auf neue Rechnung vorgetragenen Betrag mit steckt, aber nicht berücksichtigt zu werden braucht, läßt sich in der Praxis eben schwer machen, so daß es den Gesellschaften schon erlaubt sein muß, eine den gesetzlichen Vorschriften möglichst nahekommende Lösung der rechnerischen Aufgabe zu suchen. Eine solche Lösung besteht darin, daß man den ganzen Gewinnvortrag, d. h. den als Rücklage speziell in Aussicht genommenen runden Betrag zuzüglich des von der Tantieme in seiner Größe abhängigen Gewinnrests als abzugspflichtige Rücklage gelten läßt. Ist nur eine Tantiemenart zu berechnen, so ist man vor eine Rechenaufgabe mit zwei Unbekannten gestellt: unbekannt ist sowohl der Tantiemenbetrag als auch der den noch unbekannten Gewinnrest umfassende Gewinnvortrag, während die übrigen in Betracht kommenden rechnerischen Größen bekannt sind; sind zwei Tantiemen zu berechnen — für Vorstand und Aufsichtsrat — so tritt in der Rechnung noch eine dritte Unbekannte hinzu. Im letzteren Fall wird die Berechnung natürlich sehr kompliziert, was Preische[1] veranlaßt hat, für die Praxis Berechnungsformeln aufzustellen. So beachtenswert dieser Versuch, der Praxis zu Hilfe zu kommen, auch sein mag, so ist er trotzdem doch recht bedenklich, weil die Formeln — nicht richtig sind. Preische geht nämlich von der irrigen Voraussetzung aus, daß der Berechnung der Aufsichtsratstantieme nur der Reingewinn zu Grunde zu legen ist, der bereits um die Vorstandstantieme gekürzt ist (vgl. S. 28 und 30 a. a. O.). Dies widerspricht den gesetzlichen Vorschriften: abgesehen von dem bei der Aufsichtsratstantieme zu berücksichtigenden Vorabzug von 4 % des eingezahlten Grundkapitals hat derselbe verbleibende Reingewinn sowohl für die Vorstands- wie für die Aufsichtsratstantieme die rechnerische Grundlage zu bilden. Da dies Preische übersieht, so sind die von ihm aufgestellten Formeln für die Berechnung der Vorstands- und Aufsichtsratstantieme beide falsch.

[1] Preische, Gewinnvortrag und Tantiemenberechnung für Vorstand und Aufsichtsrat deutscher Aktiengesellschaften.

§ 4.

Der bei der Aufsichtsratstantieme zu berücksichtigende Vorabzug von mindestens 4 % des eingezahlten Grundkapitals.

Für die Berechnung der Aufsichtsratstantiemen verlangt das Gesetz in § 245 Abs. 1, daß sie zu erfolgen habe von dem Reingewinn, welcher nach Vornahme sämtlicher Abschreibungen und Rücklagen sowie nach Abzug eines für die Aktionäre bestimmten Betrags von mindestens vier vom Hundert des eingezahlten Grundkapitals verbleibt. Man sollte meinen, die den Vorabzug der 4 % betreffende Bestimmung wäre so klar und unzweideutig gefaßt, daß Zweifel über ihren Inhalt gar nicht aufkommen könnten; das Gesetz fordert die Kürzung des nach Vornahme sämtlicher Abschreibungen und Rücklagen verbleibenden Reingewinns um einen Betrag, der mindestens 4 % des eingezahlten Grundkapitals entspricht, also mangels weitergehender statutarischer Bestimmung soll nicht mehr und nicht weniger abgezogen werden als eben 4 % des eingezahlten Grundkapitals.

Gegen diese Auslegung, die von allen Kommentatoren gebilligt wird[1], hat sich Schoenbeck[2] gewendet. Er will sie nur gelten lassen für den Fall, daß die betreffende Gesellschaft ausschließlich gleichberechtigte Aktien ausgegeben hat; stehen aber neben gewöhnlichen Stammaktien vorberechtigte, z. B. sechsprozentige Prioritätsaktien, so müßte sich der Aufsichtsrat einen Vorabzug in Höhe von 6 % des auf die Prioritätsaktien eingezahlten Aktienkapitals und einen solchen in Höhe von 4 % des auf die Stammaktien eingezahlten Aktienkapitals gefallen lassen. Es sei eine unhaltbare Auffassung, wenn in einem solchen Falle mangels einer Superdividende die Stammaktionäre zusehen müßten, daß von dem Vorabzug, der bei der Berechnung der Aufsichtsratstantieme in Höhe von 4 % des eingezahlten Grundkapitals gemacht würde, zunächst die Prioritätsaktionäre ihre sechsprozentige Dividende erhielten, die Stammaktionäre aber nur auf den dann etwa noch verbleibenden Rest angewiesen wären.

---

[1] Vgl. auch Goldschmit in Goldschmidts Zeitschrift Bd. 58 S. 208 ff.

[2] Schoenbeck a. a. O. S. 40.

Schoenbeck übersieht bei dieser Entscheidung, daß § 245 Abs. 1 ja nur bestimmen will, was bei der Tantiemenberechnung abgezogen werden soll; die Frage, wie dieser Vorabzug von 4 % unter die verschieden berechtigten Aktionäre verteilt werden soll, wird in § 245 Abs. 1 gar nicht berührt. Wenn das Gesetz lediglich sagt, daß mindestens 4 % des eingezahlten Grundkapitals in Abzug zu bringen seien, so wäre es durchaus willkürlich, aus dem Wortlaute des Paragraphen ohne weiteres die Berechtigung der Gesellschaften herzuleiten, einen höheren Abzug zu machen. Durch die Einschiebung des Wortes „mindestens" vor „vier vom Hundert" hat der Gesetzgeber den Gesellschaften freie Hand gelassen, durch vertragliche, statutarische Bestimmungen den der Berechnung der Aufsichtsratstantieme zu Grunde zu legenden Reingewinn noch weiter zu kürzen; nicht besagt das Wort mindestens — wie Schoenbeck glaubt — daß auch ohne statutarische oder vertragliche Bestimmung unter Umständen und zwar beim Vorhandensein verschieden berechtigter Aktien ein höherer Prozentsatz in Abzug gebracht werden dürfe.

Auf den interessanten Fall, daß nach Vornahme sämtlicher Abschreibungen und Rücklagen und nach Vorabzug der für die Aktionäre bestimmten 4 % des eingezahlten Grundkapitals zwar noch ein Betrag verbleibt, von dem die Tantieme des Aufsichtsrats berechnet werden kann, aber die Summe von Vorstandstantieme, vierprozentiger Vordividende und Aufsichtsratstantieme den nach der Bilanz verfügbaren Reingewinn übersteigt, macht Oswalt in Holdheims Zeitschrift Bd. 8 S. 210 ff. aufmerksam. Er führt folgendes Beispiel an: eine Gesellschaft mit einem eingezahlten Grundkapital von 1800000 Mark hat nach Vornahme sämtlicher Abschreibungen und Rücklagen für die Tantiemen des Vorstands und des Aufsichtsrats von je 10 % und für die Vordividende von 4 % einen „verbleibenden" Reingewinn in Höhe von 80500 Mark zur Verfügung, der wie folgt verwendet wird:

für die Tantieme des Vorstands	8050 Mark
4 % von 1800000 Mark für die Aktionäre	72000 „
für Tantieme des Aufsichtsrats (10 % von 80500—72000 Mark)	850 „
so daß auszuschütten wären	80900 Mark,

während doch der verbleibende Reingewinn nur 80500 Mark, also 400 Mark weniger beträgt. In einem solchen Falle haben die Aufsichtsratsmitglieder nur Anspruch auf Zahlung des nach Abzug der Vorstandstantieme und der Vordividende noch verfügbaren Restes, denn die Zahlung der Tantieme findet eben ihre Begrenzung in der Verfügbarkeit der Mittel gemäß der Bilanz. Unrichtig wäre es, wollte man, wie PREISCHE es verlangt, in dem obigen Falle den für die Berechnung der Aufsichtsratstantieme verbleibenden Reingewinn noch um die vorher berechnete Vorstandstantieme von 8050 Mark kürzen; dann würde ja allerdings eine Summe übrig bleiben, von der die Aufsichtsratstantieme berechnet und gezahlt werden könnte; aber diese Art der Berechnung findet, wie ich schon oben S. 62 erwähnt habe, nicht ihre Stütze im Gesetz und bedeutet für den Aufsichtsrat eine ungerechtfertigte Beschneidung seines Tantiemeanspruchs. In dem von OSWALT gegebenen Beispiel würde der Aufsichtsrat statt der vorhandenen 450 Mark nur 45 Mark Tantieme erhalten.

Viertes Kapitel.

Der rechtliche Inhalt und die Tragweite der §§ 237 und 245 Abs. 1.

§ 7.

Unmittelbare und mittelbare Folgerungen aus den §§ 237 und 245 Abs. I.

Nach den §§ 237 und 245 Abs. 1 sind die dem Vorstand und dem Aufsichtsrate in Form eines „Anteils an Jahresgewinn“, einer Tantieme zugesagten Vergütungen von dem nach Vornahme sämtlicher Abschreibungen usw. verbleibenden Reingewinn zu berechnen. Aus dem Wortlaute der Paragraphen, insbesondere aus der Gegenüberstellung von Jahresgewinn im Vordersatz und Reingewinn im Nachsatz geht hervor, daß der Gesetzgeber in erster Linie eine Berechnungsvorschrift hat geben wollen; die Tantiemen, gleichviel welcher Art, sollen in der in den §§ 237 und 245 Abs. 1 angegebenen Weise berechnet werden. Damit sollen Streitigkeiten, wie sie früher bei der Tantiemenberechnung häufig vorkamen, ausgeschlossen werden; als Grundlage der Berechnung ist für die Zukunft eine einheitliche Basis gegeben. Daneben hat jedoch den Gesetzgeber, wie aus dem sachlichen Inhalt der Gesetzesstellen deutlich zu erkennen ist, der Wunsch geleitet, die Tantiemen nach Möglichkeit in ihrer Höhe zu beschränken; könnte man an dem Vorliegen dieser Absicht des Gesetzgebers noch bezüglich der Bestimmung über die Vorstandstantieme zweifeln, so ist doch in dieser Hinsicht bei der Anordnung in § 245 Abs. 1 für einen Zweifel kein Raum: indem hier bestimmt wird, daß von dem nach Vornahme sämtlicher Abschreibungen und Rücklagen verbleibenden Reingewinn noch ein Betrag von 4 % des eingezahlten Grundkapitals abgezogen und erst von dem dann noch verbleibenden Rest die Tantieme des Aufsichtsrates berechnet werden soll, gibt der Gesetzgeber unzweideutig zu verstehen, daß er die Tantieme in ein gewisses Verhältnis zur Dividende des Aktionärs bringen will; die Aktionäre sollen nicht zusehen müssen, wie dem Aufsichtsrat von dem zur Verfügung stehenden Reingewinn seine Tantieme berechnet und gewährt wird, bevor sie, die Aktionäre, wenigstens eine bescheidene Dividende erhalten. Trotzdem nun dieser Wunsch des Gesetzgebers offensichtlich ist, so ist doch nicht außer acht zu lassen, daß mit den §§ 237 und 245 Abs. 1, so wie sie gefaßt sind, nur eine Berechnungsvorschrift gegeben ist: wenn ein Anteil am Jahresgewinn als Vergütung gewährt ist, so ist dieser Anteil von dem verbleibenden Reingewinn zu berechnen. Die Beschränkung der Tantieme soll nur auf dem Wege der Berechnung eintreten, eine Herabminderung des Tantiemenbetrags auf andere Weise ist durch die §§ 237 und 245 Abs. 1 nicht geboten. Auch ist hervorzuheben, daß diese Paragraphen nur von der Tantieme und ihrer Einschränkung handeln, nicht auch von der Vergütung des Vorstandes und Aufsichtsrates im allgemeinen. Diese Punkte sind bei der Untersuchung der Tragweite der Gesetzesstellen im Auge zu behalten.

Die Berechnung der Tantiemen vollzieht sich in der Form der Division: der meist in Prozenten ausgedrückte Anteil am

Gewinn stellt den Divisor dar, der Gewinn den Dividenden. Das Gesetz gibt nur über die Bildung des letzteren Bestimmungen, indem es vorschreibt, daß sämtliche Abschreibungen und Rücklagen, sowie bei der Aufsichtsratstantieme ein Betrag von mindestens 4 % des eingezahlten Grundkapitals bei der Berechnung außer Ansatz zu bleiben haben bzw. vom Bilanzgewinn abzuziehen seien.

Die rechnerische Größe des Divisors berühren die §§ 237 und 245 Abs. 1 in keiner Weise. Es steht den Gesellschaften also frei, ihrem Vorstand und Aufsichtsrat einen beliebig hohen Prozentsatz von dem nach den Vorschriften des Gesetzes zu bildenden Gewinn als Tantieme zuzusagen und zu gewähren; sie dürfen insbesondere auch die Höhe der Prozente abhängig machen von dem Umfange der beschlossenen Rücklagen derart, daß je nach dem wachsenden Umfange der Rücklagen auch der Prozentsatz sich steigert; z. B. darf den Tantiemeberechtigten zugesagt werden, daß sie für den Fall, daß keine Rücklagen oder solche nur bis zu 30000 Mark beschlossen werden, 4 % Tantieme erhalten sollen, daß aber mit jedem weiteren Betrag von 10000 Mark an Rücklagen der Prozentsatz um 1/2 % wachsen soll, bis er eine bestimmte Maximalhöhe erreicht hat.[1] Eine derartige Vertragsbestimmung würde nicht im Widerspruch stehen mit den Berechnungsvorschriften des Gesetzes, da diese wie gesagt nur die Bildung des Dividenden, des Gewinns beeinflussen, nicht aber die des Divisors, des Anteils am Gewinn.

Aber auch in der Bildung des Dividenden, in der Zusammensetzung des „verbleibenden Reingewinns" sind die Gesellschaften durch die §§ 237 und 245 Abs. 1 nur bis zu einer bestimmten Grenze beschränkt. Wenn das Gesetz verlangt, daß bei Ermittlung des der Berechnung zu Grunde zu legenden Reingewinnes sämtliche Rücklagen vom Bilanzgewinn abgezogen werden sollen, so werden damit nur die Rücklagen betroffen, die bei dem betreffenden Jahresschluß aus dem vorliegenden Bilanzgewinn beschlossen werden, nicht etwa will der Gesetzgeber Rücklagen

[1] So Oswalt in Holdheims Zeitschrift 8. Jahrg. S. 214 und 9. Jahrg. S. 220 und daselbst LG. Frankfurt S. 119; dagegen Pinner in Holdheims Zeitschrift 9. Jahrg. S. 157 und Staub-Pinner, Kommentar § 237 Anm. 9.

überhaupt für tantiemefrei erklären. So würde es den Vorschriften der §§ 237 und 245 Abs. 1 nicht entgegen sein, wenn z. B. dem tantiemeberechtigten Vorstand eine Tantieme von dem nach Vornahme sämtlicher Abschreibungen und Rücklagen verbleibenden Reingewinn zuzüglich der im Vorjahr beschlossenen Rücklagen gewährt würde. Die vorjährigen Rücklagen stehen mit dem diesjährigen Bilanzgewinn in keiner Verbindung; das Gesetz fordert die Kürzung nur der Rücklagen, die aus dem jeweilig vorliegenden für die Tantiemenberechnung maßgebenden Bilanzgewinn gemacht werden. Ebenso wie durch die vorjährigen Rücklagen könnte der Bilanzgewinn auch durch Zurechnung eines nur rechnerisch, nicht in flüssigen Mitteln vorliegenden fest bestimmten Betrags erhöht werden; z. B. würde eine Vertragsbestimmung zulässig sein, die dahinginge, daß zu dem alljährlich die Basis der Tantiemenberechnung bildenden Reingewinne eine Summe von 50000 Mark hinzuzurechnen sei. Dies würde zur Folge haben, daß bei Nichtvorliegen eines Verlustes, der mit den 50000 Mark rechnerisch zunächst zu decken sein würde, der Tantiemeberechtigte auf jeden Fall von den 50000 Mark, zuzüglich etwa noch vorhandenen erzielten Reingewinns, seine Tantieme erhalten müßte. Diese Art der Erhöhung des Reingewinns, des Dividenden, hat eine gewisse Ähnlichkeit mit der Garantie einer Mindesttantieme. Die Verträge, die eine solche Tantiemengarantie zum Gegenstand haben, können in verschiedener Weise konstruiert werden: entweder es wird eine Tantieme von z. B. 5 % von dem gesetzlich zu berechnenden Reingewinn zugesagt, der Tantiemenbetrag aber mit mindestens z. B. 10000 Mark gerantiert, oder aber es wird ein bestimmter Betrag von z. B. 10000 Mark als feste Vergütung zugesichert und daneben noch eine Tantieme von z. B. 5 %, auf die jedoch der Betrag von 10000 Mark in Anrechnung gebracht werden muß, so daß also erst beim Vorhandensein eines nach §§ 237 und 245 Abs. 1 tantiemepflichtigen Reingewinns von mehr als 200000 Mark eine den Betrag von 10000 Mark übersteigende Vergütung und zwar in Form der Tantieme gezahlt werden würde. In beiden Fällen wird wirtschaftlich dasselbe erreicht: die betreffenden Beamten erhalten auf jeden Fall, auch wenn kein Reingewinn oder gar wenn Verlust vorliegt, eine Vergütung für ihre Dienstleistung. Die Tantiemengarantie verfolgt nicht sowohl den Zweck, tantiemeberechtigte Personen für den durch die gesetzlichen Bestimmungen bedingten Ausfall der Tantieme zu entschädigen, als vielmehr auch den Zweck, die für gewöhnlich auf Tantiemen, also auf schwankenden Lohn gestellten Personen auf alle Fälle für ihre geleisteten Dienste zu belohnen. Die Garantie einer Mindesttantieme bedeutet nichts anderes als die Zusicherung einer festen Vergütung, und ebensowenig wie eine solche durch die §§ 237 und 245 Abs. 1 verboten ist, so wird auch die Tantiemengarantie durch diese Paragraphen nicht berührt und ausgeschlossen.[1] Denn diese Gesetzesstellen geben nur an — wie schon wiederholt betont — in welcher Weise die der Tantiemenberechnung zu Grunde zu legende Gewinnsumme zu bilden ist, wenn ein Anteil am Gewinn, eine Tantieme zugesagt worden ist.

Bezüglich der Bildung der Gewinnsumme, des Dividenden, ist noch folgendes hervorzuheben. Das Gesetz sagt nur, was bei der Berechnung des Dividenden außer Ansatz zu bleiben hat, insbesondere was vom festgestellten Bilanzgewinn in Abzug zu bringen ist — sämtliche Rücklagen und bei der Aufsichtsratstantieme außerdem noch ein Betrag von mindestens 4 % des eingezahlten Grundkapitals. Darüber, wie der Bilanzgewinn selbst zu bilden ist sowie über etwaige, durch Vertrag bestimmbare Erhöhungen des der Berechnung zu Grunde zu legenden Reingewinnes (vgl. oben S. 68) schweigt sich das Gesetz aus. Es ist also Sache der Auslegung, im einzelnen Falle festzustellen, wie die Parteien die Gestaltung des um die Rücklagen bzw. um die 4 % des eingezahlten Grundkapitals zu kürzenden Bilanzgewinns

[1] Dies kann als communis opinio gelten; vgl. Staub-Pinner, Kommentar § 237 Anm. 8; Pinner, Kommentar § 237 I; Goldmann, Kommentar §§ 237 Ziff. 2 und 245 Ziff. 3; Lehmann-Ring, Kommentar §§ 237 Nr. 2 und 245 Nr. 1; Lehmann, Das Recht der Aktiengesellschaften Bd. II S. 248; Makower, Kommentar § 237 I b; Esser, Kommentar § 237 Ziff. 1; Rehm, Bilanzen § 164; Riesenfeld, Einfluß S. 106; Riesser, Neuerungen S. 20; Bauer, Inventur und Bilanz S. 199 und Zeitschrift Jahrg. IX S. 77 und 79; Erlinghagen in D. Jur.-Zeitung 1902 S. 24; gegen die Zulässigkeit der Tantiemengarantie früher Rehm in D. Jur.-Zeitung 1901 S. 491 und 1902 S. 46, sowie Schoenbeck a. a. O. S. 52.

gewollt haben. Meistens werden auch die Anstellungsverträge und die Statuten über diese Frage Bestimmungen nicht enthalten; im allgemeinen ist anzunehmen, daß nur der Bilanzgewinn die Grundlage der Berechnung zu bilden hat, der sich infolge eines normalen Geschäftsgangs ergibt. Die Tantieme soll sein eine Beteiligung an dem Betriebsgewinn des Unternehmens, d. h. an dem — allerdings gesetzlich zu kürzenden — Gewinn des Betriebes; dieser Gewinn stellt sich dar als die Summe der durch den Betrieb erzielten Erträgnisse der einzelnen Zweige und Abteilungen des Unternehmens. Beträge, die durch außergewöhnliche Transaktionen, die gar nicht in den einzelnen Betrieb fallen, erzielt sind, gehören nicht in die Summe des tantiemepflichtigen Bilanzgewinns, wenn die Transaktionen nicht Erzielung von Betriebsgewinn, sondern vielmehr — wenn auch nur nach und nach — die Auflösung des Unternehmens bezwecken. Verkauft z. B. eine Straßenbahngesellschaft, in der Absicht, den Betrieb teilweise einzuschränken oder gar ganz aufzugeben, auf einmal einen großen Teil ihres Wagenparks, so bedeutet der Ertrag aus dem Verkaufe keinen Gewinn, von dem die Tantiemeberechtigten ihre Tantieme beanspruchen könnten;[1] die Bilanz, in die der Erlös aus dem Wagenverkaufe mit eingestellt würde, wäre keine Gewinnbilanz mehr, sondern zum Teil eine Liquidationsbilanz. —

Im vorstehenden habe ich, der Aufgabe dieser Schrift entsprechend, dargelegt, inwieweit die §§ 237 und 245 Abs. 1 direkt oder indirekt die Berechnung der Tantiemen beeinflussen. Außer diesen Paragraphen sind für die Berechnung und Zahlung der Tantiemen noch andere Vorschriften allgemeiner Natur von Bedeutung; die wichtigsten von ihnen sollen im folgenden kurz gestreift werden.

Die §§ 237 und 245 Abs. 1 HGB. ordnen nur die Berechnung der dem Vorstand und dem Aufsichtsrate in seiner Gesamtheit zustehenden Tantieme, nicht auch regeln sie die Frage, zu welchem Teile, in welcher Höhe dem einzelnen Mitglied des

---

[1] Vgl. Staub-Pinner, Kommentar § 237 Anm. 12; Makower, Kommentar § 237 II b 2; Urteil des RG. v. 9. Juni 1904 in Jur. Wochenschrift 1904 S. 418 und in Bauer, Rechte und Pflichten des Vorstandes S. 29 ff.

Vorstands und des Aufsichtsrates seine Tantieme zugeteilt werden soll. Bestimmen die Verträge und die Statuten nichts anderes, so steht jedem Mitglied gemäß § 420 BGB. an der Gesamttantieme der gleiche Anteil zu. Das einzelne Mitglied kann seine Tantieme, trotzdem die Berechnung der Tantiemen für alle Mitglieder insgesamt erfolgte, unabhängig von den übrigen einklagen,[1] denn das betreffende klagende Mitglied hat seine Tantieme durch seine Tätigkeit unabhängig von den anderen verdient. Mehrere Tantiemeberechtigte können im Prozeß als Streitgenossen klagen, und zwar gemäß § 59 ZPO., wenn die Tantiemen dem Vorstand bzw. dem Aufsichtsrat in seiner Gesamtheit zugesagt ist, gemäß § 60 ZPO., wenn die Tantieme dem einzelnen Mitglied auf Grund eines besonderen, mit den anderen Abmachungen aber im wesentlichen übereinstimmenden Vertrages zusteht. — Scheidet ein Vorstands- oder Aufsichtsratsmitglied im Laufe des Geschäftsjahres aus seinem Amte, so hat es — bzw. seine Rechtsnachfolger — Anspruch auf einen verhältnismäßigen Teil der ganzen Jahrestantieme, d. h. der zu beanspruchende Anteil verhält sich zu der ganzjährigen Tantieme so wie die Zeit der Tätigkeit des betreffenden Mitglieds zu dem Geschäftsjahr.[2] Eine andere Berechnung ist nicht möglich; die Tantieme kann erst am Schlusse des Geschäftsjahrs berechnet und dem Mitglied oder seinen Rechtsnachfolgern der Anteil pro rata temporis zuerkannt werden, nicht aber kann festgestellt werden, inwieweit die Tätigkeit des ausgeschiedenen Mitglieds auf das Gewinnergebnis des Jahres von Einfluß gewesen ist und in welcher Höhe infolgedessen die Tantieme verdient ist.

§ 8.

Die zwingende Natur der §§ 237 und 245 Abs. I.

Die Fassung der §§ 237 und 245 Abs. 1 läßt keinen Zweifel darüber, daß der Gesetzgeber Vorschriften zwingender Natur

---

[1] Ebenso Saub-Pinner, Kommentar § 237 Anm. 22; a. M. Schoenbeck a. a. O. S. 56.

[2] So die allgemeine Ansicht, z. B. Staub-Pinner, Kommentar § 237 Anm. 23; Pinner, Kommentar § 237 II 4; Goldmann, Kommentar § 237 Ziff. 7; Lehmann-Ring, Kommentar § 237 Nr. 5; Esser, Kommentar § 237 Ziff. 5; Bauer, Der Aufsichtsrat S. 47; Ring, Kommentar S. 529 § 7.

hat geben wollen: wenn eine Tantieme als Vergütung gewährt wird, so ist sie in der im Gesetz angegebenen Weise zu berechnen. Die Beteiligten — Gesellschaft und tantiemeberechtigter Vorstand und Aufsichtsrat — vermögen ihren Willen gegenüber dem des Gesetzgebers nicht zur Geltung zu bringen; eine Aktiengesellschaft vermag ihrem Vorstand und Aufsichtsrat nicht mit rechtlicher Wirkung eine anders zu berechnende Tantieme zuzusagen: auch wenn eine derartige Zusage erfolgt ist, so muß doch die Tantieme anders und zwar nach dem Gesetz berechnet und gewährt werden. Im folgenden ist zu untersuchen, erstens in welcher Weise die Vorschrift in §§ 237 und 245 Abs. 1 auf Vertrags- und Statutbestimmungen sachlich einwirkt, und zweitens, wie weit das zeitliche Herrschaftsgebiet der Paragraphen reicht, d. h. von welchem Zeitpunkt an die gesetzlichen Berechnungsvorschriften von den Gesellschaften beachtet werden müssen und auf Tantiemenzusagen modifizierend einwirken.

Zunächst ist hervorzuheben, daß der Gesetzgeber mit seiner Berechnungsvorschrift die Gesellschaft und die dividendeheischenden Aktionäre gegenüber dem tantiemeberechtigten Vorstand und Aufsichtsrat bevorzugt; abgesehen davon, daß, wie in der Einleitung dargelegt, eine einheitliche, Streitigkeiten ausschließende Berechnungsweise eingeführt werden sollte, geht die Tendenz der §§ 237 und 245 Abs. 1 dahin, die Tantiemen zu Gunsten der Gesellschaft und der Aktionäre möglichst zu beschneiden. Mit Hinblick auf die bei der Erstrebung des erstgenannten Zieles sich geltend machende Zurückstellung der Interessen der Tantiemeberechtigten hinter die der Gesellschaft und der Aktionäre muß angenommen werden, daß alle diejenigen Tantiemenzusagen durch das Gesetz nicht berührt werden und daher maßgebend für die Berechnung der Tantiemen sein müssen, die für Vorstand und Aufsichtsrat noch ungünstiger sind als die gesetzlichen Berechnungsvorschriften; diese sind also nicht zwingend in dem Sinne, daß sie sich unter allen Umständen Geltung verschaffen, sondern sie „zwingen" nur nach einer Richtung hin, und zwar nur zu Ungunsten des einen Vertragschließenden. Dies läßt sich aus dem Gesetz unmittelbar folgern: § 245 Abs. 1 sagt ausdrücklich, daß ein für die Aktionäre bestimmter Betrag von mindestens vier vom Hundert des eingezahlten Grundkapitals vom Reingewinn in Abzug gebracht werden muß, ein höherer Prozentsatz kann also festgesetzt werden, ein niedrigerer aber nicht. Damit billigt der Gesetzgeber eine weitere Einschränkung der Tantiemen, als wie er sie statuiert hat, und wenn er dies ausdrücklich tut bei dem vierprozentigen Abzug des § 245 Abs. 1, so ist anzunehmen, daß er auch anderen Beschränkungen der Tantieme durch Abzüge vom Reingewinn, die tantiemefrei bleiben sollen, nicht hinderlich sein will. Der „verbleibende Reingewinn" des § 237, das ist der um sämtliche Rücklagen gekürzte Bilanzgewinn, kann also sowohl bei der Berechnung der Vorstands- wie bei der der Aufsichtsratstantieme vertraglich noch weiter um diejenigen Beträge verringert werden, die aus dem Bilanzgewinn genommen und sogleich verausgabt werden, die deshalb also nicht „Rücklagen" im Sinne der beiden Paragraphen und nach dem Gesetz nicht abzugspflichtig sind. Oder es kann durch Vertrag derjenige Reingewinnrest für tantiemepflichtig erklärt werden, der — vorbehaltlich der Verminderung durch die Tantiemenbeträge selbst — unter die Aktionäre verteilt werden kann; bei der Aufsichtsratstantieme wäre daneben noch der für die Aktionäre bestimmte vierprozentige Vorabzug zu berücksichtigen. Dieser Vorabzug, den das Gesetz für die Aufsichtsratstantieme obligatorisch gemacht hat, kann durch Vertrag selbstverständlich auch für die Vorstandstantieme bestimmt werden, und diese gleichartige Behandlung der beiden Tantiemen führt sich in der Praxis mehr und mehr ein.

Ehe man die gesetzlichen Berechnungsvorschriften praktisch anwendet, hat man sich, wie ich im vorstehenden dargelegt habe, also zu fragen: haben die Parteien eine Berechnungsweise vertraglich festlegen wollen, die im Vergleich zu der gesetzlichen für die Tantiemeberechtigten ungünstiger ist? Muß diese Frage verneint werden, so hat man nun nicht noch weiter zu fragen, ob die Parteien die gesetzliche Berechnungsart gewollt haben oder nicht; auf den Willen der Parteien kommt es nach Verneinung der ersten, allgemeinen Frage gar nicht an, denn der Gesetzgeber sagt, wie ich oben im zweiten Kapitel ausgeführt habe, in beiden Paragraphen: wenn eine Tantieme gleichviel welcher Art, ein Anteil an irgend einem Jahresgewinn als Vergütung gewährt wird, so ist diese Tantieme, dieser Anteil in der im Gesetz geforderten Weise zu berechnen. Die Gesellschaften können also Tantiemen zusagen wie sie wollen: immer muß mit der vorerwähnten Ausnahme die gesetzliche Art der Berechnung gewählt, immer der „verbleibende Reingewinn“ der §§ 237 und 245 Abs. 1 der Berechnung zu Grunde gelegt werden. Dieses Eingreifen des Gesetzgebers bewirkt aber nicht die Nichtigkeit der ganzen vertraglichen Tantiemenzusage, sondern nur die Nichtigkeit eines Teiles dieser Zusage, d. h. nur insoweit ist das Berechnungsabkommen nichtig, als es ein für die Tantiemeberechtigten günstigeres Ergebnis zeitigen würde, als wie dies bei Befolgung der gesetzlichen Vorschrift der Fall wäre. Das in der vertraglichen Tantiemenzusage enthaltene Mehr wird einfach gestrichen und als nicht zugesagt angesehen. Soweit die Tantiemenzusage sich mit der gesetzlichen Vorschrift deckt, ist sie gültig. Diese eigenartige Einwirkung der §§ 237 und 245 Abs. 1 auf die mit ihnen in Widerspruch stehenden Parteivereinbarungen möchte ich vergleichen mit derjenigen der Bestimmung des Justinianischen Rechts,[1] daß Schenkungen über 500 Solidi der gerichtlichen Insinuation bedürfen: die nicht insinuierte Schenkung eines Betrages von über 500 Solidi war gültig bis zu diesem Betrage, nichtig, soweit sie denselben überstieg. Hier wie dort bleibt ein Teil des Abkommens der Beteiligten durch die gesetzliche Bestimmung unberührt. — Die herrschende Meinung[2] nimmt entgegen der von mir vertretenen Anschauung an, daß die ganze Tantiemenzusage nichtig sei, falls sie eine andere Berechnungsweise im Auge habe als wie sie im Gesetz vorgeschrieben sei; sie beruft sich dabei auf § 134 BGB., nach dem ein Rechtsgeschäft, das gegen ein gesetzliches Verbot verstößt, nichtig ist, wenn sich nicht aus dem Gesetz ein anderes ergibt. Die §§ 237 und 245 Abs. 1 sprechen aber gar kein Verbot, sondern ein Berechnungsgebot aus, so daß § 134 überhaupt nicht heran-

---

[1] l. 34 § 1, l. 36 § 3 C. de donationibus 8, 53.

[2] Vgl. Goldmann, Kommentar § 237 Ziff. 1; Lehmann-Ring, Kommentar § 237 Nr. 2; Makower, Kommentar § 237 II. a 3; etwas unbestimmt Staub-Pinner, Kommentar § 237 Anm. 10 und 245 Anm. 6.

zuziehen ist. Die Nichtigkeit der ganzen Tantiemenzusage im Falle einer Abweichung von der gesetzlichen Berechnungsvorschrift müßte vielmehr aus dem Inhalt der §§ 237 und 245 Abs. 1 selbst hergeleitet werden können, dies ist aber nach dem Wortlaut dieser Gesetzesstellen und nach ihrer Bedeutung als Berechnungsvorschriften nicht angängig. Die Entscheidung der Frage, ob Nichtigkeit der ganzen Tantiemenzusage oder nur eines Teiles derselben angenommen werden muß, dürfte insofern praktisch sein, als im ersteren Fall der ganze Engagementsvertrag — wenigstens der des Vorstands, wohl nicht der des Aufsichtsrats — als nichtig gemäß § 139 BGB. anzusehen wäre; für den zweiten Fall halte ich den Eintritt dieser Folge für ausgeschlossen. Der § 139 BGB. lautet: „Ist ein Teil eines Rechtsgeschäfts nichtig, so ist das ganze Rechtsgeschäft nichtig, wenn nicht anzunehmen ist, daß es auch ohne den nichtigen Teil vorgenommen sein würde.“ Wäre die ganze Tantiemenzusage als „Teil des Rechtsgeschäfts“ — des Dienstvertrags — nichtig, so kann nicht angenommen werden, daß der auf Tantieme gestellte Beamte den Dienstvertrag ohne diese Vergütung abgeschlossen haben würde; ist dagegen, wie ich behaupte, nur ein Teil der Tantiemenzusage nichtig, so ist von vornherein die Annahme ausgeschlossen, daß der Vertrag ohne diesen Teil nicht zustande gekommen wäre. Übrigens könnte man wohl auf Grund der eigentümlichen Fassung der §§ 237 und 245 Abs. 1, die angeben, von welcher Art „Reingewinn“ ein als Vergütung zugesicherter Anteil am Jahresgewinn zu berechnen ist, auch die Ansicht verteidigen, daß die Parteien sich auf die teilweise Nichtigkeit der Tantiemenzusage und damit auf § 139 BGB. überhaupt nicht berufen können, da die beiden Paragraphen eben nur eine Berechnungsvorschrift enthalten.[1] Es muß zugegeben werden, daß diese Ansicht durchaus nicht ohne weiteres von der Hand zu weisen ist.

Daß die §§ 237 und 245 Abs. 1 mit ihrer Berechnungsvorschrift nur in den Fällen zur Anwendung zu kommen haben, in

[1] So wohl Pinner, Kommentar § 237 I: Das Gesetz gäbe „eine dem Parteiwillen entzogene Interpretation einer Vereinbarung“.

denen ein Anteil an einem Jahres„gewinn“ gleich welcher Art als Vergütung gewährt wird, nicht auch dann, wenn der Berechnung ein Betrag zu Grunde gelegt wird, der mit „Gewinn“ begrifflich nichts zu tun hat, habe ich bereits im zweiten Kapitel nachgewiesen: der Vordersatz ist bedingend für die Anwendbarkeit der im Nachsatz liegenden Berechnungsvorschrift; „Jahresgewinn“ im Vordersatz soll heißen jede Art von Gewinn, der am Schluß des Geschäftsjahres festgestellt werden kann. Insbesondere ist Jahresgewinn auch der Gewinn, der ohne Berücksichtigung des Gewinn- oder Verlustvortrags aus dem Vorjahr errechnet werden kann, also der Gewinn nur des betreffenden für die Tantiemenberechnung in Frage kommenden Jahres. Man findet häufig Zusicherungen und Berechnung von Tantiemen an dieser Art von Jahresgewinn und es fragt sich, wie auf eine derartige vertragliche Tantiemenzusage die gesetzliche Berechnungsvorschrift einwirkt, ob sie von ihr außer Kraft gesetzt wird oder ob sie maßgebend für die Tantiemenberechnung bleibt. Daß das letztere der Fall sei, wird von einigen Schriftstellern behauptet;[1] sie führen aus, gaß die Tantieme eine Beteiligung der Vorstands- und Aufsichtsratsmitglieder an dem Gewinn sein soll, an dessen Erzielung im laufenden Jahre sie mit geholfen haben; zu diesem Gewinn gehöre aber einerseits nicht der Gewinnvortrag aus dem Vorjahr, andererseits dürfe der Gewinn des Jahres nicht durch Deckung des vorjährigen Verlustes geschmälert werden, denn an dem Ergebnis des Vorjahres hätten die Mitglieder des diesjährigen Vorstands und Aufsichtsrats, die möglicherweise erst in diesem Jahre ihr Amt übernommen hätten, keinen Teil. Richtig ist nun allerdings, daß es dem Wesen der Tantieme mehr entsprechen würde, wenn sie als Anteil des Gewinns eines jeden Geschäftsjahres für sich genommen gewährt werden könnte, aber der Gesetzgeber hat die Tantiemenberechnung doch anders geregelt, indem er bestimmt hat, daß, wenn ein Anteil an irgend einem Jahresgewinn als Vergütung gewährt wird, dieser Anteil von dem Reingewinn zu berechnen ist, der nach Vornahme sämtlicher Abschreibungen und Rücklagen sowie — bei der Aufsichts-

---

[1] Makower, Kommentar § 237 II b 3 δ; Baumer a. a. O. S. 12.

ratstantieme — nach Abzug eines Betrages von 4% des eingezahlten Grundkapitals verbleibt. Dieser verbleibende Reingewinn ist immer ein Rest des von der Generalversammlung festgestellten Bilanzgewinns, denn nur aus ihm können Rücklagen vorgenommen und kann der vierprozentige Abzug gemacht werden. Der Bilanzgewinn aber ergibt sich mit Berücksichtigung des Gewinn- bzw. des Verlustvortrags aus dem Vorjahr; ein Gewinnvortrag aus dem Vorjahr erhöht den Bilanzgewinn des laufenden Jahres oder vermindert den diesjährigen Verlust, ein Verlustvortrag aus dem Vorjahr läßt im laufenden Jahre weniger oder gar keinen Bilanzgewinn entstehen.[1] Laut § 237 und 245 Abs. 1 will der Gesetzgeber, daß die Tantiemen, auch wenn sie von dem Gewinn des laufenden Geschäftsjahres für sich genommen zugesagt sind, doch von dem verbleibenden Reste des den Gewinn- oder den Verlustvortrag aus dem Vorjahr mit berücksichtigenden Bilanzgewinns berechnet und gewährt werden. Die Zusage einer Tantieme vom „Jahresgewinn", d. h. vom Gewinn des Jahres, wäre nur dann maßgebend für die Berechnung und bliebe also von den §§ 237 und 245 Abs. 1 unberührt, wenn die nach ihr vorzunehmende Berechnung für die Gesellschaft günstiger wäre als die im Gesetz geforderte; dies ist aber nicht der Fall. Die Nichtberücksichtigung des Gewinnvortrages aus dem Vorjahre würde für die Gesellschaften günstig sein, wenn die Gesellschaften und die Schriftsteller, die die Gewährung einer Tantieme vom Gewinn des betreffenden Jahres für zulässig erachten, den Gewinnvortrag des laufenden Jahres auf das nächste als Rücklage im Sinne der §§ 237 und 245 Abs. 1 gelten und deshalb im laufenden Jahre tantiemefrei ließen; dies tun sie aber durchgängig nicht, weil sie sonst zu dem Ergebnis gelangen würden, daß weder von dem Gewinnvortrag aus dem Vorjahr

---

[1] So die allgemeine Ansicht; Staub-Pinner, Kommentar § 237 Anm. 11; Goldmann, Kommentar § 237 Ziff. 5; Lehmann-Ring, Kommentar § 237 Nr. 3; Lehmann, Das Recht der Aktiengesellschaften Bd. II S. 247. Eine merkwürdige Anschauung wird in Bauers Zeitschrift Jahrg. X S. 49 vertreten: der zur Deckung des vorjährigen Verlustes aus dem diesjährigen Reingewinn zu entnehmende Betrag sei als Rücklage tantiemefrei; er müsse doch — zurückgelegt werden!

noch von dem auf das nächste Jahr eine Tantieme gewährt werden könnte. Dadurch, daß sie den Gewinnvortrag aus dem Vorjahr als tantiemefrei, den auf das nächste Jahr aber als tantiemepflichtig hinstellen, bewirken sie eine zeitliche Verschiebung in der Heranziehung des Gewinnvortrags zur Tantiemenberechnung, die nur dann einen Nachteil für die Gesellschaften mit sich bringen würde, wenn durch eine längere Reihe von Jahren stets mehr Gewinn in das folgende Jahr übertragen würde, als im Vorjahre auf das laufende vorgetragen worden war; tritt dieser Fall nicht ein, würde der Gewinnvortrag einmal niedriger, einmal höher sein, so würde dadurch die sich alljährlich ergebende Differenz wieder ausgeglichen werden. Ganz anders verhält es sich natürlich mit dem Verlustvortrag aus dem Vorjahr: wird er nicht berücksichtigt, wird eine Tantieme vielmehr schon von dem Gewinn des laufenden Jahres gewährt, ehe der vorjährige Verlust gedekt ist, so bedeutet diese Art der Tantiemenberechnung gegenüber der im Gesetz geforderten stets eine Benachteiligung der Gesellschaft, und da die Tantiemenzusage, nach der sowohl der Gewinnvortrag wie auch der etwaige Verlustvortrag aus dem Vorjahr in dem betreffenden Geschäftsjahr außer Ansatz zu bleiben hat, im ganzen betrachtet werden muß, so wird sie als den Gesellschaften ungünstig durch die Vorschrift der §§ 237 und 245 Abs. 1 außer Kraft gesetzt. — Ich habe den Fall, daß dem Vorstand oder dem Aufsichtsrat, nach dem Vertrag ein Anteil am „Jahresgewinn", am Gewinn des Jahres für sich genommen zusteht, deshalb ausführlicher behandelt, weil sich gerade an ihm die gesetzliche Bestimmung besonders wirkungsvoll, echt zwingend erweist: die Parteien haben mit dem Wortlaut der Gesetzesparagraphen einen Anteil am Jahresgewinn und damit eine wirtschaftlich gut zu heißende Tantieme vereinbart, trotzdem greift der Gesetzgeber ein und verlangt, daß nicht der „Jahresgewinn", sondern der Bilanzgewinn die Grundlage der Tantiemenberechnung bilden soll. Während in den Fällen, in denen vertraglich schlechthin der „Reingewinn" als tantiemepflichtig erklärt worden ist, die Vorschrift des § 237 in ihrer Wirkung eine gewisse Ähnlichkeit mit einer Auslegungsregel hat, da man annehmen könnte, daß der Gesetzgeber nur die Bildung dieses Reingewinns beeinflussen und den Parteien zu Hilfe kommen wollte, zeigt sich die Vorschrift gegenüber der vertraglichen Tantieme vom „Jahresgewinn" deutlich als zwingend, ungeachtet eines abweichenden Willens der Parteien; der Parteienwille wird nicht ausgelegt, sondern überwunden.

Ich wende mich nunmehr der Frage zu, von welchem Zeitpunkt an die Vorschriften in den §§ 237 und 245 Abs. 1 für die Gesellschaften Gültigkeit erlangt haben, d. h. von wann ab die einzelne Gesellschaft diese Vorschriften bei der Berechnung der von ihnen zugesagten Tantiemen hat anwenden müssen bzw. anwenden muß. Nur zwei Antworten können in Erwägung kommen: entweder haben sich die gesetzlichen Berechnungsvorschriften mit dem Tage des Inkrafttretens des HGB. Geltung verschafft und haben infolgedessen in laufende Tantiemeverträge eingegriffen, oder aber der Gesetzgeber hat diese Einwirkung nicht gewollt, vielmehr nur bestimmen wollen, wie die in künftigen, nach dem Inkrafttreten des HGB. abgeschlossenen Verträgen zugesagten Tantiemen zu berechnen sind. Die erste Antwort wäre richtig, wenn aus den Bestimmungen zu entnehmen wäre, daß der Gesetzgeber jede anders berechnete Tantieme, jeden auf eine andere Berechnung hinzielenden Vertrag als gegen die guten Sitten verstoßend erachtet. Dies ist jedoch nicht der Fall; die §§ 237 und 245 Abs. 1 geben nicht „einem sittlichen Empfinden" Ausdruck, sondern bedeuten nur eine „wirtschaftspolitische Zweckmäßigkeitsmaßnahme".[1] Infolgedessen haben sie keine rückwirkende Kraft auf bereits vor dem Inkrafttreten des HGB. entstandene Schuldverhältnisse[2] und es haben die in Art. 170, 171 EG. zum BGB. niedergelegten allgemeinen Übergangsbestimmungen Anwendung zu finden. Nach Art. 170 bleiben für ein vor dem Inkrafttreten des BGB. entstandenes Schuldverhältnis die bisherigen Gesetze

---

[1] Urteil des RG. v. 22. März 1902 in Jur. Wochenschrift 1902 S. 255 und in Bauer, Rechte und Pflichten des Vorstandes S. 26 ff.

[2] So u. a. Staub-Pinner, Kommentar § 237 Anm. 27; Goldmann, Kommentar §§ 237 Ziff. 9 und 245 Ziff. 19; Makower, Kommentar § 237 II a 4; Pinner, Kommentar § 237 III; — a. M. Lehmann-Ring, Kommentar § 237 Nr. 5; Riesser, Neuerungen S. 28; Riesenfeld, Einfluß S. 104; Katz-Dyhrenfurth, Die Aktiengesellschaft S. 6.

maßgebend, und nach Art. 171 bestimmt sich u. a. ein zur Zeit des Inkrafttretens des BGB. bestehendes Dienstverhältnis, wenn nicht die Kündigung nach dem Inkrafttreten des BGB. für den ersten nach den bisherigen Gesetzen zulässigen Termin erfolgt, von diesem Termin an nach den Vorschriften des BGB. Das Rechtsverhältnis, in dem Vorstand und Aufsichtsrat zu der Gesellschaft stehen und auf Grund dessen sie die Tantiemen fordern können, ist ein Schuldverhältnis und zwar ein Dienstvertrag,[1] denn wie der Vorstand, so leistet auch der Aufsichtsrat der Gesellschaft seine Dienste gegen Entgelt. Für ihn kommt jedoch nur der Art. 170 in Betracht, Art. 171 kann nur auf den Dienstvertrag des Vorstands zur Anwendung kommen; denn das Amt des Aufsichtsrats war schon nach der Aktiennovelle vom 18. Juli 1884 (Art. 191 mit 224) von einer bestimmten, je nach der Länge der Wahlperiode auf höchstens 5 Jahre bemessenen Dauer, und die Aufsichtsräte, die beim Inkrafttreten des HGB. im Amte waren, hatten ihre Tantiemen bis zum Ablauf ihrer Wahlperiode so zu beanspruchen, wie sie ihnen vor dem Inkrafttreten des HGB. zugesagt worden waren. Alle nach dem Inkrafttreten des HGB. berufenen Aufsichtsräte, auch die früher im Amte gewesenen und dann auf eine bestimmte Dauer wiedergewählten, durften dagegen Tantiemen nur in der vom Gesetz normierten Weise erhalten, so daß es kurz nach dem Inkrafttreten des HGB. hat vorkommen können, daß innerhalb eines Aufsichtsratskörpers die einzelnen Mitglieder verschieden zu berechnende Tantiemen bezogen. Dabei war es gleichgültig, ob das Statut noch unverändert eine frühere, die Berechnung der Tantieme anders als das HGB. regelnde Bestimmung enthielt; hinsichtlich derjenigen Mitglieder, deren Amtszeit noch eine Reihe von Jahren nach Inkrafttreten des HGB. lief, behielt die statutarische Bestimmung ihre Kraft, für die neu oder wieder gewählten Mitglieder trat an Stelle dieser Bestimmung des Statuts diejenige des § 245 Abs. 1. Andererseits hatte eine durch die Generalversammlung beschlossene Änderung der Statuten

---

[1] Hierüber ausführlich Bernau in Jherings Jahrbücher 44. Bd. S. 225ff. und Zitelmann in Goldschmidts Zeitschrift Bd. 52 S. 34 ff., sowie die dort angegebene reiche Literatur.

dahingehend, daß die Tantieme nunmehr nach dem zur Geltung gekommenen HGB. § 245 Abs. 1 zu berechnen sei, nur für diejenigen Aufsichtsratsmitglieder Bedeutung, die nach dieser Statutenänderung gewählt wurden. Denn nicht das Statut, sondern der Vertrag[1] ist die Quelle, aus der die in Form der Tantieme gewährte Vergütung fließt; der Vertrag stützt sich nur insofern auf das Statut, als die Parteien, Gesellschaft und Aufsichtsrat, bei Abschluß des Vertrages stillschweigend oder ausdrücklich auf die Bestimmungen des Statuts Bezug nehmen. Eine Änderung der Statuten kann keine Änderung der noch bestehenden vertraglichen Abmachungen zur Folge haben; sie wird für diejenigen Aufsichtsratsmitglieder, deren Amtszeit bei Inkrafttreten des HGB. noch lief, erst maßgebend nach Ablauf der Amtszeit, wenn sie wiedergewählt werden, denn bei Abschluß dieses neuen Vertrags werden diesem nicht mehr die Bestimmungen des alten, sondern die des veränderten Statuts zu Grunde gelegt.

Im Gegensatz zur Aufsichtsratstantieme wird diejenige des Vorstandes meist nicht im Statut, sondern in jedem Dienstvertrag selbständig festgesetzt. Eine Bezugnahme auf das Statut findet regelmäßig also nicht statt, bei einer Änderung des Statuts kann eine Änderung der Tantieme daher gar nicht in Frage kommen. Der Vertrag des Vorstandes unterscheidet sich von dem des Aufsichtsrats ferner dadurch, daß seine Dauer eine andere ist: während der Aufsichtsrat für eine bestimmte Reihe von Geschäftsjahren gewählt wird, wird der Vorstand unabhängig vom Laufe des Geschäftsjahres engagiert und nach Kündigung entlassen. Entweder wird in dem Vertrag eine gewisse Mindestdauer mit der Maßgabe vereinbart, daß der Vertrag mangels Kündigung innerhalb einer bestimmten vertraglichen oder gesetzlichen Frist dann für eine bestimmte oder unbestimmte Zeit bei Kündigungsmöglichkeit weiterläuft, oder der Vertrag wird auf unbestimmte Zeit geschlossen und eine Frist zur Kündigung festgesetzt oder auf die gesetzliche Kündigungsfrist stillschweigend Bezug genommen; selten mag es vorkommen, daß ein Vorstand nur auf eine bestimmte Reihe von Kalender- oder Geschäftsjahren enga-

[1] Vgl. Hachenburg in Holdheims Monatsschrift 15. Jahrg. S. 147 ff.

giert wird, so daß eine Kündigung, abgesehen von der aus wichtigem Grunde, nicht angängig ist. Je nach der Art des Abschlusses muß die Einwirkung des § 237 auf den Dienstvertrag hinsichtlich der Tantiemevereinbarung nach Art. 171 verschieden sein. Maßgebend für den Beginn der Wirksamkeit der Vorschrift in § 237 ist derjenige Termin, für den die erste Kündigung des Vertrages nach Inkrafttreten des HGB., sei es auf Grund besonderer vertraglicher Bestimmung, sei es nach den gesetzlichen Bestimmungen über die Kündigung, möglich ist bzw. möglich war, oder aber in dem erwähnten seltenen Falle — Vertragsschluß nur auf eine bestimmte Zeit — der Ablauf der Vertragszeit, vorausgesetzt, der Vertrag wird erneuert. Erfolgt keine Kündigung an jenem ersten Termin, an dem sie möglich war, läuft also der Vertrag weiter — oder aber wird er nach Ablauf der bestimmten Vertragszeit erneuert — so beziehen die betreffenden Vorstandsmitglieder künftighin ihre Tantieme nach der gesetzlichen Berechnungsweise. Meist wird, wenn der kritische Termin nicht zufällig mit dem Schluß des Geschäftjahres zusammenfällt, die Frage entstehen oder entstanden sein, ob die Tantieme für das laufende Jahr noch nach der alten vertraglichen oder schon nach der neuen gesetzlichen Methode zu berechnen sei. Die Frage dürfte praktisch so entschieden werden können: der die Grundlage der Berechnung bildende „Reingewinn" ist sowohl nach der alten wie nach der neuen Methode in seiner Höhe festzustellen und die Tantieme wird von beiden Summen zunächst berechnet; von den sich ergebenden Tantiemenbeträgen erhält das Vorstandsmitglied dann seinen Teil nach dem Verhältnis, in dem die Zeit seiner Tätigkeit im laufenden Geschäftsjahr unter den alten Bedingungen zu der Zeit seiner Tätigkeit unter den neuen Bedingungen steht. Hat das Geschäftsjahr 12 Monate und fällt der kritische Termin z. B. nach Ablauf von drei Monaten, so wird dem Vorstand insgesamt $^1/_4$ des einen Tantiemenbetrags, $^3/_4$ des anderen Tantiemenbetrags als Tantieme gewährt.

Fünftes Kapitel.

Schlußwort.

Auf S. 8 und 29 habe ich bereits erwähnt, daß der Gesetzgeber mit der Einfügung der §§ 237 und 245 Abs. 1 in das neue HGB. bei Wissenschaft und Praxis keinen Beifall gefunden hat. Man erhebt sowohl gegen das Unternehmen, überhaupt eine gesetzliche Regelung der Tantiemenberechnung herbeizuführen, wie auch gegen die Fassung der Paragraphen die verschiedensten Vorwürfe. Die erstbezeichneten sind rein wirtschaftlicher Natur: man empfindet die Vorschriften als ungerechtfertigte Bevormundung der Aktiengesellschaften,[1] als „großmütterlichen" Schutz,[2] der nur zur Folge habe, daß besonders den Aufsichtsratsmitgliedern eine oft recht hohe feste Vergütung in Form der Mindesttantieme gewährt werde; man fürchtet, daß, da sämtliche Rücklagen tantiemefrei zu bleiben hätten, Vorstand und Aufsichtsrat sich bestreben könnten, die Bildung von Rücklagen, soweit sie nicht gesetzlich vorgeschrieben seien, zu hintertreiben und daß so die Solidität des Aktienwesens leiden könnte. Angesichts dieser möglichen wirtschaftlichen Nachteile einer gesetzlichen Ordnung der Tantiemenfragen sind zu deren Lösung Reformvorschläge in Menge gemacht worden, auf die hier nur kurz hingewiesen sein soll. Die einen[3] sind für Streichung der §§ 237 und 245 Abs. 1 und verzichten überhaupt auf ein Eingreifen des Gesetzgebers in die Angelegenheiten der Aktiengesellschaften, soweit die Gewährung von Tantiemen in Betracht kommt. Andere[4] sind für Festlegung einer Höchstgrenze für die Tantiemen **aller** Aufsichtsräte ohne Unterschied und für Bestimmung eines zulässigen Höchstprozent-

---

[1] Riesenfeld, Einfluß S. 105.

[2] Schirrmeister, Der Aufsichtsrat und seine Reform im Jahrbuch der internationalen Vereinigung für vergleichende Rechtswissenschaft und Volkswirtschaftslehre zu Berlin VI. und VII. 1. Abt. 1903 S. 225/226.

[3] Schirrmeister a. a. O.; v. d. Heydt, Der Aufsichtsrat S. 275 ff.

[4] Strauss, Die Reorganisation des Aufsichtsratswesens in Holdheims Monatsschrift 11. Jahrg. S. 81; Warschauer, Die Reorganisation des Aufsichtsratswesens in Deutschland S. 55 und 56.

satzes; was die Festsetzung des Höchstbetrages der zu zahlenden Tantieme anlangt, so wird von manchen[1] vorgeschlagen, dieser Betrag solle zu der Summe des Grundkapitals und zu der des Reingewinns in ein gewisses Reziprozitätsverhältnis gebracht werden. Wieder andere[2] sehen in der Befolgung dieser Vorschläge kein Heil für die Aktiengesellschaften und empfehlen, der Generalversammlung das Recht einzuräumen und die Pflicht aufzuerlegen, die Tantieme für den Aufsichtsrat jedesmal für eine bestimmte Reihe von Jahren im voraus festzusetzen. — So wohlgemeint diese Vorschläge und so beachtenswert einzelne von ihnen auch sein mögen, so halte ich sie mit STIER-SOMLO[3] doch für nicht geeignet, zu gesetzlichen Vorschriften verarbeitet zu werden. Es ist dem Gesetzgeber einfach nicht möglich, Bestimmungen zu finden, die für alle Gesellschaften von gleichem Nutzen sein würden; die Vielgestaltigkeit der Praxis, die Verschiedenartigkeit der Verhältnisse der einzelnen Gesellschaften würde jedes energische Eingreifen des Gesetzgebers nach dieser Richtung vereiteln. Was hingegen wünschenswert wäre, das ist, daß die §§ 237 und 245 Abs. 1 eine andere Fassung erhalten möchten; der Erfüllung dieses berechtigten Wunsches stehen technische Schwierigkeiten nicht entgegen. Erstens müßte der Gesetzgeber unzweideutig aussprechen, in welchen Fällen er die Berechnungsvorschrift angewendet wissen will; die Worte „Anteil am Jahresgewinn" in dem Vordersatz der Paragraphen lassen verschiedene Deutungen zu, das Wort Jahresgewinn müßte überhaupt vermieden werden. Sodann ist nicht gut, von einem Reingewinn zu sprechen, der nach Vornahme sämtlicher Abschreibungen und Rücklagen verbleibt, denn einerseits ist vor Vornahme mancher Abschreibungen, d. h. der wirtschaftlich notwendigen, überhaupt noch kein „Reingewinn" da, andererseits ist der Betrag, der nach Bildung der Rücklagen verbleibt, kein Reingewinn mehr, sondern ein Rest eines solchen. Vor allem aber gibt die Neueinführung des Wortes „Rücklage" in das HGB., in die §§ 237 und 245 Abs. 1

[1] Z. B. von WARSCHAUER a. a. O. S. 55 und von STRAUSS a. a. O. S. 81.
[2] GEMÜND-KNÖDGEN, Wie kann unser Aktienwesen gesunden? S. 23.
[3] Der Aufsichtsrat der Aktiengesellschaft S. 70 ff.

wie in den § 271 Abs. 3, Grund zu abfälliger Kritik. Zunächst erscheint es fraglich, ob die Neuerung, die in der Einführung des Wortes Rücklage liegt, überhaupt notwendig war; vielleicht wäre der Gesetzgeber mit dem Wort Reservefonds ausgekommen, den Gewinnvortrag, der kein Reservefonds ist, hätte er ja ausdrücklich für tantiemefrei erklären können. Offenbar hat die gesetzgeberischen Faktoren, wenn auch unbewußt, nicht nur die Absicht geleitet, das Fremdwort Reservefonds mit Rücklage zu verdeutschen — denn jenes Fremdwort ist ja an anderen Stellen beibehalten worden — sondern sie haben zweifellos mit dem Wort Rücklage den Kreis der „Reservefonds" möglichst weit ziehen und alle im Vermögen der Gesellschaft verbleibenden Rückstellungen aus dem Reingewinn begreifen wollen. Ist diese Annahme richtig, dann kann man es logischerweise nicht gut heißen, daß der Gesetzgeber den Ausdruck Rücklage nicht definiert hat, denn er ist in der Tat mehrdeutig und eine Identifizierung mit Reservefonds liegt außerordentlich nahe. Eine andere Frage ist die, ob es ratsam war, sämtliche Rücklagen und insbesondere den Gewinnvortrag, der de lege lata eine Rücklage darstellt, im Jahre seiner Bildung tantiemefrei zu lassen; es würde wohl der Billigkeit mehr entsprechen, wenn Vorstand und Aufsichtsrat nicht, wie jetzt, von dem Gewinnvortrag ihre Tantiemen in dem Jahre beziehen würden, in das er vorgetragen ist, sondern vielmehr in dem Jahre, in dem er gebildet worden ist.

Literaturverzeichnis.

A. Lehrbücher und Abhandlungen.

ADLER, Handelsgehilfe, in CONRADS Handwörterbuch der Staatswissenschaften. 2. Aufl. 1900. 4. Bd. S. 987.

ALEXANDER-KATZ und DYHRENFURTH, Die Aktiengesellschaft unter dem neuen Aktiengesetz. Berlin 1899.

ALTERTHUM, Die Reservefonds der Aktiengesellschaften, im Archiv f. bürgerl. Recht. Bd. 23 S. 96 ff.

AUERBACH, Das Aktienwesen. Frankfurt a. M. 1873.

BAUER, Der Aufsichtsrat. 3. Aufl. Leipzig 1905.

BAUER, Rechte und Pflichten des Vorstandes. Leipzig 1905.

BAUER, Inventur und Bilanz bei Aktiengesellschaften und Kommanditgesellschaften auf Aktien. 3. Aufl. Leipzig 1906.

BAUMER, Über Reingewinn, Gewinn-Vortrag und Tantieme-Berechnung bei Aktiengesellschaften. Nürnberg 1902.

BERNAU, Die Amtsniederlegung der Mitglieder des Aufsichtsrats einer Aktiengesellschaft in JHERINGS Jahrbüchern. 44. Bd. S. 225 ff.

CAHN, Der Aufsichtsrat der Aktiengesellschaft. Berlin und Leipzig 1907.

COSACK, Lehrbuch des Handelsrechts. 6. Aufl. 1903.

CROME, System des deutschen bürgerlichen Rechts. Bd. II. Tübingen und Leipzig 1902.

CROME, Die partiarischen Rechtsgeschäfte nach römischem und heutigem Reichsrecht. Freiburg i. B., Leipzig und Tübingen 1897.

DERNBURG, Pandekten. Bd. I u. II. 6. Aufl. Berlin 1900.

DERNBURG, Das bürgerliche Recht. Bd. I. 3. Aufl. Halle a. S. 1906.

EHRLICH, Das zwingende und nichtzwingende Recht im Bürgerlichen Gesetzbuch für das deutsche Reich. Jena 1899.

FISCHER, Die Bilanzwerte, was sie sind und was sie nicht sind. Teil 1. Leipzig 1905. Teil 2. Leipzig 1908.

FLADE, Der Aufsichtsrat der Aktiengesellschaften. Leipziger Dissertation. Olbernhau 1906.

FRIEDBERG, Formelbuch. 2. Aufl. Leipzig 1901.

FULD, Die Tantieme des Vorstandes bei Nichtzahlung einer Dividende, in der Zeitschrift f. d. ges. Aktienwesen von HARDER und ICHENHÄUSER, 12. Jahrg. S. 1 ff. und: Provisionen des Vorstandes einer A.-G., in derselben Zeitschrift, 13. Jahrg. S. 69 ff.

GAREIS, Das deutsche Handelsrecht. 7. Aufl. Berlin 1903.

GEMÜND-KNÖDGEN, Wie kann unser Aktienwesen gesunden? Köln 1902.

GOLDSCHMIT, Zur Berechnung der Tantieme des Aufsichtsrats, in GOLDSCHMIDTS Zeitschrift f. d. ges. Handelsrecht. 58. Bd. S. 208 ff.

GUMPRECHT, Über den Aufsichtsrat der Aktiengesellschaft. Leipziger Dissertation. Borna-Leipzig 1902.

HACHENBURG, Der Widerruf der Vergütungen für den Aufsichtsrat, in HOLDHEIMS Monatsschrift f. Handelsrecht und Bankwesen. 15. Jahrg. S. 145 ff.

v. D. HEYDT, Der Aufsichtsrat der Aktiengesellschaften, seine wirtschaftliche Funktion und die Frage seiner Reform. Freiburger Dissertation 1905.

KAUFMANN, Die wesentlichen Unterschiede des alten und des neuen Handelsgesetzbuchs. Berlin 1900.

KEYSSNER, Die Aktiengesellschaften und die Kommanditgesellschaften auf Aktien. Berlin 1873.

KEYSSNER, Vom Aufsichtsrat und dessen Vergütung in GOLDSCHMIDTS Zeitschrift f. d. ges. Handelsrecht. 48. Bd. S. 508 ff.

KNAPPE, Die Bilanzen der Aktiengesellschaften. Hannover und Berlin 1903.

KREIBIG, Abschreibung oder Reserve? Sonderabdruck aus der Zeitschrift für Buchhaltung. Linz a. D. 1902. XI. Jahrg. Nr. 12.

LEHMANN, Lehrbuch des Handelsrechts. Leipzig 1905 ff.

LEHMANN, Das Recht der Aktiengesellschaften. Berlin 1898, 1904.

LÖWENFELD, Das Recht der Aktiengesellschaften. Berlin 1879.

MAGNUS, Die Dividende bei der Aktiengesellschaft. Jenaer Dissertation 1903.

MANASSE, Die Dividende im Aktiengesellschaftsrecht. Greifswalder Dissertation 1906.

MANKIEWICZ, Die Rechte und Pflichten des Aufsichtsrats der Aktiengesellschaft. Berlin 1899.

MÜLLER, Die Gewinnanteile der Mitglieder des Vorstandes und des Aufsichtsrats von Aktiengesellschaften nach den Vorschriften der §§ 237 und 245 des neuen Handelsgesetzbuchs für das deutsche Reich. Hannover und Leipzig 1899.

NEUKAMP, Der Reservefonds der Kommanditgesellschaften auf Aktien und der Aktiengesellschaften, in GOLDSCHMIDTS Zeitschrift f. d. ges. Handelsrecht. 38. Bd. S. 10 ff.

NEUKAMP, Das Dogma von der „Bilanzwahrheit", in GOLDSCHMIDTS Zeitschrift f. d. ges. Handelsrecht. 48. Bd. S. 450 ff.

OSWALT, Über die Verwendung des Reingewinns der Aktiengesellschaften, in HOLDHEIMS Monatsschrift f. Handelsrecht und Bankwesen. 8. Jahrg. S. 210 ff.

PEMSEL, Die Tantiemen des Vorstandes und des Aufsichtsrats von Aktiengesellschaften. Berlin 1899. (Sonderabdruck aus HOLDHEIMS Monatsschrift f. Handelsrecht und Bankwesen. 7. Jahrg. S. 237 ff.)

PINNER, Tantieme des Vorstandes und des Aufsichtsrats nach dem neuen HGB., in GRUCHOTS Beiträgen z. Erl. des deutsch. Rechts. 44. Jahrg. S. 646 ff.

PREISCHE, Gewinnvortrag und Tantiemeberechnung für Vorstand und Aufsichtsrat deutscher Aktiengesellschaften. Berlin 1902.

REHM, Die Bilanzen der Aktiengesellschaften und Gesellschaften m. b. H., Kommanditgesellschaften auf Aktien, eingetragenen Genossenschaften, Versicherungsvereinen auf Gegenseitigkeit, Hypotheken- und Notenbanken und Handelsgesellschaften überhaupt nach deutschem und österreichischem Handels-, Steuer-, Verwaltungs- und Strafrecht. München 1903.

REISCH-KREIBIG, Bilanz und Steuer. Wien 1900. (1. Bd. 2. Aufl. 1907.)

RENAUD, Das Recht der Aktiengesellschaften. 2. Aufl. Leipzig 1875.

RIESENFELD, Der Einfluß des neuen Aktienrechts auf die Statuten der bestehenden Gesellschaften. Berlin 1899.

RIESSER, Die Neuerungen im deutschen Aktienrecht. Berlin 1899.

SAMES, Unterliegt in Preußen der Gewinnvortrag der Aktiengesellschaften der Einkommenbesteuerung? in HOLDHEIMS Monatsschrift f. Handelsrecht und Bankwesen. 14. Jahrg. S. 201 ff.

SCHIRRMEISTER, Der Aufsichtsrat und seine Reform nach englischem Aktienrecht im Vergleich zum deutschen Aktienrecht; im Jahrbuch der internationalen Vereinigung für vergleichende Rechtswissenschaft und Volkswirtschaftslehre zu Berlin. VI. u. VII. Bd. 1. Abt. Berlin 1903.

SCHOENBECK, Zur Erläuterung des § 245 des Handelsgesetzbuchs. Ein Beitrag zur Lehre von der Tantieme des Aufsichtsrats von Aktiengesellschaften. Erlanger Dissertation 1902.

SIMON, Die Bilanzen der Aktiengesellschaften und der Kommanditgesellschaften auf Aktien. 2. Aufl. Berlin 1898.

STEINER, Gehört der Gewinnvortrag zu den Rücklagen im Sinne der §§ 237 und 245 des HGB.? in HOLDHEIMS Monatsschrift f. Handelsrecht und Bankwesen. 10. Jahrg. S. 217 ff.

STEINKOPF, Über die Tantieme. Ein Beitrag zur Lehre von den partiarischen Rechtsgeschäften. Leipziger Dissertation. Borna-Leipzig 1901.

STERN, Buchhaltungslexikon. Wien und Leipzig 1904.

STIER-SOMLO, Der Aufsichtsrat der Aktiengesellschaft. Reformfragen und Bedenken. Leipzig 1905.

STRAUSS, Die Reorganisation des Aufsichtsratswesens in Deutschland, in HOLDHEIMS Monatsschrift f. Handelsrecht und Bankwesen. 11. Jahrg. S. 79 ff.

TSCHARMANN, Der Aufsichtsrat der Aktiengesellschaft. Leipzig 1896.

WARSCHAUER, Die Reorganisation des Aufsichtsratswesens in Deutschland. Berlin 1902.

Zitelmann, Über die Amtsniederlegung von Aufsichtsratsmitgliedern der Aktiengesellschaften vor Ablauf ihrer Wahlperiode, in Goldschmidts Zeitschrift f. d. ges. Handelsrecht. 52. Bd. S. 34 ff.

B. Kommentare und Handausgaben mit Anmerkungen.

Esser, Die Aktiengesellschaft nach den Vorschriften des Handelsgesetzbuchs vom 10. Mai 1897. 3. Aufl. Berlin 1907.

Gareis, Handelsgesetzbuch vom 10. Mai 1897. 3. Aufl. München 1905.

Gareis-Fuchsberger, Das allgemeine deutsche Handelsgesetzbuch. Berlin 1891.

Goldmann, Das Handelsgesetzbuch vom 10. Mai 1897. Berlin 1905.

Hergenhahn, Das Reichsgesetz, betreffend die Kommanditgesellschaften auf Aktien und die Aktiengesellschaften, vom 18. Jùli 1884. Berlin 1891.

Keyssner, Allgemeines deutsches Handelsgesetzbuch nach Rechtsprechung und Wissenschaft. Stuttgart 1878.

Keyssner und Simon, Aktiengesellschaft und Kommanditgesellschaften auf Aktien. 5. Aufl. Berlin 1900.

Lehmann-Ring, Das Handelsgesetzbuch für das deutsche Reich. 1. Bd. Berlin 1902.

Makower, Handelsgesetzbuch mit Kommentar. 13. Aufl. Berlin 1906.

Petersen-Pechmann, Gesetz betreffend die Kommanditgesellschaften auf Aktien und die Aktiengesellschaften. Vom 18. Juli 1884. Leipzig 1890.

Pinner, Das deutsche Aktienrecht. Kommentar zu Buch 2 Abschnitt 3 und 4. Berlin 1899.

Ring, Das Reichsgesetz betreffend die Kommanditgesellschaften auf Aktien und die Aktiengesellschaften. Vom 18. Juli 1884. 2. Aufl. Berlin 1893.

Rudorff, Handelsgesetzbuch vom 10. Mai 1897. Stuttgart 1898.

Staub, Kommentar zum Handelsgesetzbuch. 8. Aufl. Berlin 1906. 1. Buch: bearbeitet von Stranz, 2. Buch: bearbeitet von Pinner.

v. Völderndorff, Das Reichsgesetz betreffend die Kommanditgesellschaften auf Aktien und die Aktiengesellschaften v. 18. Juli 1884. Erlangen 1885.

C. Zeitschriften.

1. Zeitschrift für das gesamte Handelsrecht, begründet von Goldschmidt. Stuttgart.
2. Monatsschrift für Handelsrecht und Bankwesen, Steuer- und Stempelfragen (früher: Jahrg. 1—3, Wochenschrift für Aktienrecht usw., Jahrg. 4 u. 5, Monatsschrift für Aktienrecht usw.), begründet von Holdheim. Berlin.
3. Zeitschrift für Aktiengesellschaften und für Gesellschaften mit beschränkter Haftung (früher Zeitschrift für Aktiengesellschaften und der Handelsgesellschafter), herausgegeben von Bauer. Leipzig.

4. Zeitschrift für das gesamte Aktienwesen, herausgegeben von Harder und Ichenhäuser. Berlin. 12. und 13. Jahrg.
5. Deutsche Juristen-Zeitung.
6. Juristische Wochenschrift.

D. Materialien.

1. Entwurf eines Gesetzes betreffend die Kommanditgesellschaften auf Aktien und die Aktiengesellschaften nebst Begründung und Anlage. Vorgelegt dem Bundesrat am 7. September 1883. Berlin, Carl Heymanns Verlag, 1883.
2. Hahn, Materialien zum Handelsgesetzbuch. 6. Band der gesamten Materialien zu den Reichs-Justizgesetzen. Berlin 1897.

Druck von Metzger & Wittig in Leipzig

Kolibri 360 GmbH
Ferdinand-Jühlke-Straße 7
99095 Erfurt, Deutschland
produktsicherheit@kolibri360.de